Richard Rohr

VON DER FREIHEIT LOSZULASSEN

LETTING GO

Übersetzt und eingeleitet von
Andreas Ebert

Claudius

Bildnachweis:
Pressefoto Lachmann (S. 17, 93), epd-bild Frankfurt (S. 31), Jugenddienst-Verlag Wuppertal/Gütersloher Verlagshaus (Aus: Dein Friede sei mein Friede, Foto von Conrad Contzen) (S. 53), dpa Düsseldorf (S. 63), Istituto Geografico de Agostini SpA, Novara (S. 79), Hans-Rainer Fechter, Nürnberg (Umschlagfoto, S. 115), Kees de Kort (S. 121)

Die Deutsche Bibliothek – CIP-Einheitsaufnahme

Rohr, Richard:
Von der Freiheit, loszulassen : letting go / Richard Rohr.
Übers. und eingeleitet von Andreas Ebert. – 7. Aufl. –
München : Claudius, 2000
ISBN 3-532-62108-8

7. Auflage 2000
© Claudius Verlag München 1990
Alle Rechte, auch die des auszugsweisen
Nachdrucks, der photomechanischen und elektronischen
Wiedergabe und der Übersetzung, vorbehalten.
Umschlaggestaltung: Werner Richter
Satz: gwd Hans Venus GmbH, München
Druck: Schoder Druck GmbH & Co. KG, Gersthofen

ISBN 3-532-62108-8

Inhalt

Statt eines Vorworts 7

Vater Gott – Mutter Gott?
Vortrag in St. Matthäus, Basel, 7. März 1990 11

Gemeinschaftliches Leben als Herausforderung
Ein Nachmittagsgespräch in Basel, 8. März 1990 27

Schluß mit der Kirche
Vortrag in St. Matthäus, Basel, 8. März 1990 44

Aktion – Politisches Engagement der Christen
Vortrag in der Kreuzkirche, Dresden, 14. März 1990 58

Kontemplation – Die spirituelle Herausforderung
Vortrag in der Kreuzkirche, Dresden, 15. März 1990 73

Von der Freiheit der Söhne und Töchter Gottes (Lukas 8)
Vortrag im Heilig-Geist-Saal, Nürnberg, 16. März 1990 ... 88

Gott der Männer – Gott der Frauen
Predigt im Rahmen eines Kommentargottesdienstes
in St. Lorenz, Nürnberg, 18. März 1990 108

**Die gesellschaftliche und politische Berufung
der Christen (Markus 10)**
Vortrag in der Alten Bibliothek, Gießen, 19. März 1990 ... 117

**Weniger ist mehr – Wege zu einer Spiritualität
des einfachen Lebens (Lukas 19)**
Vortrag in der Friedenskirche, Darmstadt,
20. März 1990 138

Statt eines Vorworts

Im März 1990 war Richard Rohr seit langem wieder einmal im deutschsprachigen Raum. Wir haben in diesem Buch einen Teil der Vorträge und Predigten dokumentiert, die er in Basel, Dresden, Nürnberg, Gießen und Darmstadt gehalten hat. Seine Themen sind die alten geblieben – und doch gibt es neue Töne: Richard Rohr entdeckt immer mehr die kontemplative Seite des Glaubens, das Leerwerden und Loslassen, wie es vor allem Meister Eckhart und die deutschen Mystiker gepredigt und praktiziert haben. Wieder werden wir mitgenommen auf eine spannende Reise, wieder werden wir herausgefordert, nicht nur neu zu denken, sondern anders und neu zu leben.
Die Vorträge und Gespräche wurden Satz für Satz übersetzt und mitgeschnitten. Der Übersetzer bei den Basler Vorträgen war Harald Walach, beim Nachmittagsgespräch in Basel Frank S. Lorenz, bei allen Veranstaltungen in Deutschland Andreas Ebert. Constanze Keutler-Hagl hat aufgrund der Bänder die erste Textfassung erstellt, Marion Küstenmacher hat diese Nachschriften bearbeitet und Andreas Ebert die Endredaktion übernommen. Für die Buchfassung wurden die Vorträge – soweit es nicht den Sinnzusammenhang berührte – von Doubletten befreit. Manch spontane sprachliche Unglätte des freien Vortrags haben wir dagegen beibehalten, um möglichst viel von der ursprünglichen Atmosphäre zu dokumentieren.

Statt eines Vorworts zwei Stimmen aus der Schweiz:

„Denn er lehrte gewaltig und nicht wie die Schriftgelehrten", heißt es von Jesus. Er lehrte nämlich aus seiner Seele, aus seinem Leben und aus seinen Erfahrungen heraus, aus dem, was er in der Begegnung mit Kindern, Frauen und Männern, mit sich selbst und dem „Teufel", aber auch mit seinem Vater im Himmel gelernt und verstanden hatte.
Wenn man jemandem begegnet, der auch „gewaltig" lehrt, der etwas zu sagen hat, der spürt, was bei den Zuhörern Aktualität hat, weil es für ihn selber aktuell ist, dann macht man die Erfah-

rung, selber schon gewußt zu haben, was man nun in Worten vernahm: „Eigentlich war's ja nichts Neues. Das habe ich selber auch schon gespürt, nur daß ich es noch nicht auszusprechen vermochte." Man erlebt sich nicht als den Dummen – im Gegensatz zu einem Mordsgescheiten –, sondern als jemand, der selber auch schon weiß, der ermutigt wird, sich auf sich selber zu verlassen, in sich hineinzuhören und dem, was man da hört, spürt und ahnt, besser zu vertrauen. Den wirklichen Lehrer und Meister tragen wir nämlich in uns. Jesus nennt ihn den Heiligen Geist, der uns in alle Wahrheit führen wird. Das heißt nicht, daß wir einander nicht mehr nötig haben, aber daß wir aufhören können, nach dem Meister zu suchen und uns an die Lippen eines Lehrers zu hängen. Im Kindesalter mag es noch notwendig sein, aber der reife Mensch achtet auf den Lehrer seines Herzens.
Und doch sind uns Lehrer gegeben, die mit ihren Worten verstärken und für unsere äußeren Ohren hörbar machen können, was uns die Wirklichkeit, in der wir leben, und der Heilige Geist auch schon lange lehren wollten; darum war es wertvoll, Richard Rohr zu begegnen. Seine Vorträge, die trotz der Fastnacht sehr gut besucht waren, haben einigen Menschen Mut gemacht und Hoffnung gegeben. Jemand sagte zu mir: „Da bin ich mal nicht mit dem Gefühl rausgegangen, jetzt müßtest du noch das und das tun, und dann ist es gut. Ich wurde nicht zu mehr Leistung angetrieben, sondern zu mehr Vertrauen: Laß los, vertrau auf Gott, vertrau auf das Leben und was es dich lehrt."
Rohr lehrt nicht das Passivsein, sondern das aktive Vertrauen, Aktion und Kontemplation, den Einsatz in der Welt und das Loslassenkönnen in Gott . . . Ein schönes Erlebnis war für mich, daß ich vieles, was mir in den letzten Jahren wichtig geworden ist und für manche den Anruch von Befreiungstheologie, Feminismus, New Age oder noch Schlimmerem hat, beim Franziskaner Rohr als alte, einfache und fröhliche franziskanische Theologie erlebt habe, falls man es überhaupt als Theologie bezeichnen darf. Vielleicht sagt man besser: Es ist die einfache Freude an Gott, an Jesus Christus, an der Schöpfung und an den Geschöpfen, die im Geiste von Bruder Franz spürbar geworden ist. Nicht Zeitgeist hat gesprochen, sondern der Geist Jesu und der Bergpredigt.
(Pfarrer Felix Felix, Rundbrief der Diakonischen Gemeinschaft Friedensgasse Basel, März 1990, S.12-14)

Noch bin ich ganz beschwingt. Nicht von der Fastnacht. Die gefällt mir hier in Basel zwar auch, doch der Grund liegt anderswo: An zwei aufeinanderfolgenden Abenden fand in unserer Kirche ein Vortrag statt. Oder besser: Es fand die Begegnung mit einem vom Evangelium im ursprünglichen Wortsinn „begeisterten" Menschen statt. Richard Rohr, der Franziskanerpater und Buchautor, leitete dazu an, einen Ausblick zu wagen auf jene Kirche, die sein könnte, aber (noch) nicht ist.
Was mich immer wieder neu beeindruckt und was ich nicht nur bei diesem Mann in der Kirche erlebt habe: Es ist möglich, ohne Beschönigungen und Umschweife aufzuzeigen und einzugestehen, daß uns westlichen Christen die bürgerliche Konsumkultur sehr viel näher steht als das Reich Gottes, daß also in diesem Sinne unser gängiges Christentum in erschreckender Weise von den Viren „Reichtum", „Sicherheit" und „Nationalegoismus" befallen ist. Auf der anderen Seite und gleichzeitig ist es aber möglich, gerade dieser Kirche und ihrer Tradition trotz allem in Liebe verbunden zu bleiben. Eine solche Haltung wird oft nur schwer verstanden. Wer das real Existierende schonungslos entlarvt, gilt leicht als Nestbeschmutzer und Miesmacher. Dabei sind es doch gerade jene, die sich kritisch einmischen, die eine besondere Liebe bewahrt haben zu ihrer Kirche oder zum Land, in dem sie leben. Gerade weil ihnen wichtig ist, daß nicht ein x-beliebiger Weg eingeschlagen wird, mischen sie sich ein. Was ich mir wünsche: Daß wir es lernen, diese Stimmen der unangenehmen Einmischung gerade in der Kirche in vermehrtem Ausmaß willkommen zu heißen. Es könnte sich ja um prophetische Stimmen handeln.
Im Verlauf seiner Rede zitierte Richard Rohr sinngemäß ein Augustinus-Wort: „Viele gehören zur Kirche, die nicht zu Gott gehören, viele aber gehören zu Gott, die nicht zur Kirche gehören." Als hätte dieses Wort einer Veranschaulichung bedurft, geschah folgendes: Ein Mann, der nicht unbedingt unseren Vorstellungen von einem durchschnittlichen Kirchgänger entsprach, ganz offensichtlich vom Leben nicht verwöhnt, mit altertümlicher Beinprothese und auch sonst in unkonventionellem Aufzug, schritt mit seinem großen Hund bedächtig durch den Mittelgang der Kirche, vorbei am staunenden Publikum, stellte wortlos eine brennende Kerze vor das Rednerpult, um sich dann ruhig in den Seitenflügel der Kirche zu setzen. Solche Offenheit, solche Unverkrampftheit

wünsche ich mir in der Kirche vermehrt. Daß darin eine Chance liegen könnte, bewies das Interesse des Publikums. Die Kirche war zweimal beinahe voll. Zur Fastnachtzeit will das in Basel was heißen!
(Beat Rüegger in: Reformiertes Forum 12, 23. März 1990, S.19)

Vater Gott – Mutter Gott?

Vortrag in St. Matthäus, Basel, 7. März 1990

Wenn wir in den USA über dieses Thema sprechen, dann gibt es dabei sehr viele Kontroversen und Mißverständnisse. Vielleicht sagt das etwas darüber, wie lange wir brauchen, Gott zu erlauben, frei zu sein. Wir sagen häufig: Die Rolle des Propheten ist es, die Menschen frei zu halten für Gott; aber zugleich ist die Aufgabe des Propheten, Gott frei zu halten für die Menschen.
Ich möchte mit etwas beginnen, was aussieht wie ein Gemeinplatz: mit dem ersten Gebot. Es heißt darin, wir sollen uns von Gott keine Bilder machen und keine solchen Bilder anbeten. Wir haben das erste Gebot nie ernstgenommen. Gott schuf die Menschen nach seinem Bild; aber wir haben das Kompliment gleichsam erwidert und Gott nach unserem Bild geschaffen. So wurde in der Regel aus Gott oder aus den Göttern ein Spiegelbild und eine Projektion unseres eigenen Selbst. Am Ende haben wir meistens eine Art Stammesgottheit produziert. In Amerika sieht Gott aus wie Onkel Sam oder der Weihnachtsmann. Jedenfalls ist er ein weißer Angelsachse. Ich war gerade neun Tage in England; deren Gott schaut aus wie das Britische Empire. Und vielleicht sieht ein Schweizer Gott aus wie ein Bankier oder ein Psychologe. Wir finden es normalerweise sehr, sehr schwierig, Gott wirklich Gott sein zu lassen, das heißt, ein Gott, der größer ist als unsere Kultur und unsere Projektionen. Im patriarchalisch geprägten Europa ziehen wir es vor, Gott als Mann zu sehen. Und doch heißt es bereits in der Genesis: „Gott schuf den Menschen nach seinem Bild, er schuf ihn als Mann und als Frau" (1. Mose 1,27). Das besagt klipp und klar, daß Gott nicht männlich sein kann. Und doch scheinen wir dafür noch einen Extrabeweis zu brauchen.
Trotz unserer ganzen Theologie trägt bei einer solchen Frage normalerweise die herrschende Kultur den Sieg davon. Oder besser gesagt: Was sich letztlich durchsetzt, ist das menschliche

Ego. Wir finden anscheinend immer einen Weg, wie wir selbst die Sache im Griff behalten können. Und so haben wir „Gott" geschaffen, um unser Spiel weiter zu führen: einen Gott, der in unser System paßt. Einen Gott, der außerhalb unseres Systems steht und uns ruft, können wir nicht ausstehen und ertragen. So haben wir beispielsweise immer wieder einen Gott gebraucht, der genauso gern Krieg spielt wie wir. Wir haben einen herrschsüchtigen Gott gebraucht, weil wir selber gerne herrschen. Und weil wir darauf so fixiert sind, haben wir fast völlig vergessen und mißachtet, was Jesus uns über Gott und seine Wesensart gesagt hat.

Das erste Gebot betrifft auf den ersten Blick nur geschnitzte oder handgemachte Bildnisse von Gott. Es meint aber vor allem jene Gottesbilder, die wir uns in unseren Köpfen zurechtlegen und konservieren. Die großen Glaubensgestalten, die ich kenne, lassen immer wieder ihre momentanen selbstbezogenen Gottesbilder los. Aber das verlangt ein hohes Maß an Selbstdistanz. Deshalb vielleicht ist auch der Glaube so selten und Religion so verbreitet: Weil Religion sehr häufig ein Mittel ist, unser bequemes Gottesbild aufrechtzuerhalten, auch wenn es krankmachend und zerstörerisch ist. Wir fühlen uns wohler mit dem, was wir kennen, selbst wenn es uns kaputtmacht. Der Glaube aber lädt uns immer an einen neuen Ort ein, der uns gerade nicht vertraut ist. So können wir im Buch Exodus sehen, wie die Leute lieber wieder nach Ägypten in die Sklaverei zurück wollen als in die Wüste geführt zu werden, wo sie Gott nicht im Griff haben. Wenn wir wachsen, bewegen sich unser Gottesbild und unser Selbstbild normalerweise auf parallelen Schienen vorwärts. Und wenn eines von beiden zusammenbricht, muß auch das andere mit auseinanderbrechen. Wir hängen an beiden, und beide hängen zusammen. Jede Glaubenskrise bedeutet, daß die eine oder die andere Seite zerbricht. Wenn Sie wirklich im Glauben wachsen, dann sollte meiner Vermutung nach dieser Prozeß mindestens alle zwei bis drei Jahre stattfinden. Das ist die Dunkelheit des Glaubens, wenn du das Alte eine Zeitlang bereits fallen lassen mußtest, aber das Neue noch nicht gefunden hast. Es ist dieser schreckliche Raum dazwischen, in dem niemand leben will. Und wir wollen uns zurückziehen auf einen Platz, wo ich weiß, wer ich bin und wer Gott ist. Auch wenn sich unser Selbstbild und unser Gottesbild gegenseitig zunichte machen, was oft der Fall ist. Die Reise des Glaubens

fordert von uns, daß wir unser Gottesbild und unser Selbstbild loslassen. Das aber können wir nicht im Kopf oder eigenmächtig tun, es wird an uns getan. Alles, was wir tun müssen, ist: leben, aber offen und ehrlich leben und zulassen, daß die Wirklichkeit der Welt an uns herankommt. Wir werden nicht im Kopf oder von Pfarrerpredigten bekehrt: wir werden durch Umstände bekehrt – wenn wir die Umstände wirklich an uns heranlassen. Und wenn Sie die Realität wirklich an sich heranlassen, dann dauert das nicht sehr lange. Und wenn Sie Gott wirklich an sich heranlassen, dann funktioniert das Weihnachtsmann-Bild von Gott nicht sehr lange. Und wenn Sie Gott wirklich an sich heranlassen, dann funktioniert auch das männliche Gottesbild nicht sehr lange. Weil wir eine Legitimation gebraucht haben, mit Donnerkeilen zu schmeißen, haben wir einen Zeus-Gott geschaffen, der ebenfalls mit Donnerkeilen schmeißt. Sobald wir uns aber an einen Ort begeben, wo wir etwas Zärtliches und Sanftes entdecken, funktioniert ein Zeus-Bild von Gott nicht mehr. Sobald wir eine innere Reise antreten und dort einen Ort voller Erbarmen und von großer Weite entdecken, funktioniert ein Zeus-Bild von Gott nicht mehr. Jesus ging vierzig Tage in die Wüste (Matth. 4,2) und wurde dort seine Bilder los. Er wurde entleert. Und das ist die wirkliche Bedeutung des Fastens: entleert zu werden von den eigenen Bildern. Erst als er von seinem Selbstbild entleert war, konnte ihm der Vater ein neues Bild schenken und ihn „geliebter Sohn" nennen. Und wir können nicht leugnen, daß es Jesus gut damit ging, seinen Gott „Vater" zu nennen. Das hat vermutlich auch etwas mit seiner patriarchalischen Kultur zu tun, selbst wenn er es immerhin wagte, seinen Gott „Abba" zu nennen, als das Wort kleiner Buben zu benutzen – wie bei uns „Papa". Wahrscheinlich sagt es auch viel über seinen menschlichen Vater Josef aus und über seine Beziehung zu ihm. Aber deutlich sehen wir in den Gleichnissen und Metaphern Jesu, daß er seinen Vater-Gott gewöhnlich in Bildern beschreibt, die wir als weiblich bezeichnen würden. Das gilt besonders für die Geschichte vom verlorenen Sohn (Luk. 15,11-32) und wenn er ein Bild benutzt und sagt, Gott wäre gern eine Glucke und würde uns gern wie kleine Küken unter die Fittiche nehmen (Matth. 23,37).
Ein Schwerpunkt meiner Arbeit in den USA besteht in Exerzitien und Seelsorge für Priester. Und obwohl diese Männer sehr viel

von Theologie verstehen, habe ich zu meiner Überraschung festgestellt, daß ihr Gottesbild immer noch zu 90 Prozent eine Mischung aus dem Bild der eigenen Mutter und des eigenen Vaters ist. Und aus irgendeinem Grund sind sie selbst jedesmal höchst überrascht, wenn sie das entdecken. Wenn ihre Mutter verurteilend war, dann ist auch ihr Gott verurteilend. Wenn ihr Vater abwesend und gefühlskalt war, dann ist auch ihr Gott abwesend und kalt. Ich möchte Sie ermutigen, zu überprüfen, inwiefern das auch auf Ihr Leben zutrifft.

Nochmals: wir müssen die Bilder durchbrechen, um den Gott zu finden, der wirklich Gott ist. Ich verspreche Ihnen, es gibt nichts, wovor Sie sich dabei fürchten müssen. Aber Sie haben keinen Anlaß, das zu glauben, solange Sie die Reise nicht selber machen. Menschen, die wirklich beten, wissen das immer. Menschen, die sich in der Wüste selbst entleeren, begegnen immer einem Gott, der größer ist, als sie zu hoffen gewagt hätten. Der amerikanische Trappistenmönch und Dichter Thomas Merton, ein Mann, der mich sehr beeinflußt hat, beschreibt diese Erfahrung als „Gnade innerhalb der Gnade innerhalb der Gnade". Es wird immer viel Angst und Unsicherheit damit verbunden sein, die gegenwärtigen Selbstbilder und Gottesbilder loszulassen. Gott allein kann Sie führen und alles, was Sie tun können, ist loslassen. Die Spiritualitäten aller großen Weltreligionen lehren uns das Loslassen: wie man beiseite tritt.

Ich bin überzeugt davon, daß wir das Evangelium vor allem in den nordeuropäischen Ländern in Selbstkontrolle verwandelt haben. Ich dagegen bin überzeugt, daß es im Evangelium hauptsächlich um Selbsthingabe geht. Aber Selbstkontrolle ist eine männliche Art des Denkens. Und Selbsthingabe ist vielleicht eine eher weibliche Form des Denkens. Wir haben Gott nicht erlaubt, uns Hingabe zu lehren.

Die Gruppen, die in den USA am schnellsten wachsen, heißen „Zwölf-Stufen-Programme". Sie wurden vor fünfzig Jahren von einem Mann namens Bill Wilson ins Leben gerufen, als er die „Anonymen Alkoholiker" gründete. Wenn sie weiter wachsen wie bisher, kommen eines Tages in Amerika vier solche Gruppen auf eine Kirche. Diese Gruppen sprechen von Selbsthingabe, die Kirche aber spricht von Selbstkontrolle. Sie versammeln sich auch nicht in rechteckigen Kirchen mit Kanzeln in der Mitte, was normalerweise die linke Gehirnhälfte inthronisiert, die männlichere Art und Weise des Denkens. Sie versammeln sich in Kreisen. Und sie teilen ihren Schmerz miteinander. Und sie teilen ihre Armut. Kein Therapeut kommt herein, um sie zu psychoanalysieren, und kein Charismatiker kommt herein, um über ihnen zu beten. Es ist nichts als schlicht und einfach das Geheimnis des nackten Leibes Christi, wenn Menschen ihr Vertrauen und ihren Schmerz teilen. Wenn sich Menschen in Solidarität und Einheit versammeln, nicht aus Macht, sondern aus Machtlosigkeit, dann ist Christus in ihrer Mitte. Und ich finde, wenn ich ehrlich bin, in diesen einfachen Gruppen viel mehr Heilung als in den meisten unserer Kirchen. Ich empfinde dies auch als ein viel weiblicheres Bild von Kirche mit einem viel weiblicheren Bild von Gott: als Heiler, als einer Person, die Anteil nimmt und nicht nur denkt.

Wie viele andere auch habe ich mich immer wieder gefragt, warum Jesus als Mann gekommen ist und warum er zwölf Männer erwählt hat. Ich habe dafür nur meine eigene Interpretation und keinen Beweis, daß sie stimmt. Aber ich denke: Wäre Jesus als Frau gekommen und wäre diese Frau vergebend und barmherzig gewesen und hätte Gewaltlosigkeit gelehrt, hätten wir das nicht als Offenbarung erlebt. Wir hätten gesagt: „Na ja, typisch Frau!" Aber daß ein Mann in einer patriarchalischen Gesellschaft diese Eigenschaften angenommen hat, die wir „weiblich" nennen, das war ein Durchbruch in der Offenbarung. Er hat also drei Jahre damit verbracht, zwölf Männer zu lehren, wie man es anders macht – und sie haben fast gar nichts kapiert! Und die Männer in der Kirche haben zweitausend Jahre lang nichts kapiert. Denn wir Männer wollten einen Gott der Herrschaft. Wir haben einen Gott gebraucht, der es den Deutschen erlauben würde, die Franzosen zu töten, und den Franzosen, die Engländer zu töten. Ein weiblicher Gott wäre da nicht wirkungsvoll! Die Bergpredigt ging den Bach runter. In der Männerkirche ist kein Platz dafür, die andere Wange hinzuhalten und den Feinden zu vergeben.

Seit der Bergpredigt sind das Evangelium und die westliche Zivilisation auf Kollisionskurs. Aber aus dem Kollisionskurs wurde eine Einbahnstraße, und der Gewinner war nicht Jesus, der Gewinner war die westliche Zivilisation. Wir haben Jesus als Mann vereinnahmt und ihm eine Krone auf den Kopf gesetzt, keine Dornenkrone, sondern eine Königskrone, was er ja aus-

drücklich abgelehnt hatte. Aber wir brauchten Könige, um England, Frankreich und alle anderen Länder in Gang zu halten.
Er lehrte also seine zwölf Apostel, wie man es anders machen könnte. Wir sehen zum Beispiel im Markusevangelium, wie er seinen Jüngern dreimal sagt: Wir müssen sterben, wir müssen verlieren, wir müssen machtlos sein! Und jedesmal kapieren sie es entweder nicht oder wechseln das Thema. Und der erste, der nichts kapiert, ist Petrus, der sogenannte Apostelfürst. Das ist übrigens das einzige Mal, daß Jesus einen seiner geliebten Jünger einen „Teufel" nennt (Mark. 8,33)! Er sagt: „Du hast überhaupt nicht begriffen, worum es mir geht."
Bis zum Ende des Markusevangeliums sind es immer die Männer, die nie begreifen, worum es geht, und die nie kapieren, wovon Jesus redet. Die Frauen hingegen verstehen es immer. Und die erste Zeugin der Auferstehung ist nicht ein Mann, sondern eine Prostituierte, Maria Magdalena. Die ersten tausend Jahre der Kirche wurde sie eine Apostelin genannt. Man kann das jetzt anhand liturgischer Texte nachweisen. Sie wurde sogar „Apostelin für die Apostel" genannt. Daß sie das war, das geht klar aus allen vier Evangelien hervor.
Was also sagt das Evangelium? Es sagt voraus, was dann auch wirklich geschehen ist: daß wir uns mit einem weiblichen Gott, einem Gott der Vergebung, einem Gott des Mitgefühls, einem Gott der Berührung schwer tun würden. Wo hat Jesus gelernt, die Füße seiner Apostel zu waschen (Joh. 13,5)? Im vorhergehenden Kapitel werden seine eigenen Füße von Maria Magdalena gewaschen (Joh. 12,3)! Das ist keine Theologie, die im Kopf lokalisiert ist, sondern eine Theologie, die sich im Körper wohlfühlt.
Ich habe die wunderbare Erfahrung hinter mir, jetzt in fast allen Teilen der Welt gepredigt zu haben. Und es wird mir immer klarer, daß sich verschiedene Teile der Welt in verschiedenen Teilen des Körpers wohlfühlen. Der europäische Kontinent fühlt sich ohne Zweifel im Kopf am wohlsten, während sich die Afrikaner beispielsweise vielleicht vor allem im Körper wohlfühlen, ohne die ganze Scham, die die meisten von uns im Blick auf unseren Körper haben. Ich glaube, wenn wir ein weiblicheres Angesicht Gottes hätten, hätten wir nicht die schrecklichen Probleme mit Autorität und Sexualität, mit denen wir uns in unserer Kirche und Kultur herumschlagen.

Liturgischer Tanz

Manchmal muß Gott wie ein Freund kommen und ein andermal wie ein Liebhaber; ein andermal ist es vielleicht gut, wenn Gott als Vater kommt. Aber wenn Sie auf der Reise bleiben, verspreche ich Ihnen, daß Gott sich auch einmal in weiblicher Gestalt offenbaren wird. ER selbst als SIE selbst. Und vielleicht wird das für manche von uns das erste Mal sein, daß wir uns in Gott verlieben.

Im Mittelalter haben wir versucht, dieses Ungleichgewicht durch das Bild der Maria auszugleichen. Wir Katholiken haben das sehr oft übertrieben. Und doch: Es war vielleicht schlechte Theologie, daß wir Maria behandelten, als wäre sie Gott, aber es war sehr gute Psychologie. Wir brauchten ein weibliches Angesicht für Gott. Vom 11. bis zum 13. Jahrhundert wurden alle Kirchen in Europa „Notre Dame" oder „Frauenkirche" genannt. Es war, als würde sich die ganze Seele nach einem Gott sehnen, der zärtlich und sanft ist, wie sie es war.

Ich erinnere mich an die Zeit, als ich ein kleiner Junge in Kansas war. Unsere Priester und Schwestern, die aus Irland stammten, versuchten, uns kleine Katholiken zu ermutigten, den Rosenkranz zu beten. Sie sagten: „Wenn ihr einmal in den Himmel kommt, dann wird Petrus am Tor stehen. Er hat natürlich den Schlüssel, aber er ist ein Mann, und Männer kennen nur bedingte Liebe. Und man kann durch das Tor gucken, und da sieht man Jesus, aber der ist auch ein Mann. Und wenn ihr hinter Jesus schaut, da sitzt der alte Mann auf dem Thron." Aber diese guten irischen Schwestern sagten: „Es gibt einen Geheimzugang!" – Das wird sich jetzt erzkatholisch und sehr ketzerisch anhören! – „Geht zum Hintereingang des Himmels!" – Ich bin mir nicht sicher, ob es einen Hintereingang zum Himmel gibt! – Sie haben gesagt: „Wenn du ein guter Junge bist und deinen Rosenkranz gebetet hast, wird Maria am Hinterfenster sein, und der Rosenkranz wird zum Fenster herunterhängen und dich am Rosenkranz in den Himmel ziehen." Schreckliche Theologie – aber gut zu verstehen! Denn die meisten Menschen wuchsen auf mit bedingter Liebe vom Vater und bedingungsloser Liebe von der Mutter. Das stimmt zwar nicht für mein eigenes Leben: Ich habe eine gute deutschstämmige Mutter, die in unserer Familie für die Disziplin zuständig war und uns nie irgend etwas durchgehen ließ. Mein Vater dagegen war sehr weich; und das ist vielleicht auch der Grund, daß ich Bücher über männliche Spiritualität geschrieben habe und warum es mir mit dem Bild von Gott als Vater sehr gut geht.

Wie Sie merken, geht es weniger um Theologie, sondern um die Frage: Wie kommt Gott an jede und jeden von uns heran? Manchmal muß Gott wie ein Freund kommen und ein andermal wie ein Liebhaber; ein andermal ist es vielleicht gut, wenn Gott als Vater kommt. Aber wenn Sie auf der Reise bleiben, verspreche ich Ihnen, daß Gott sich auch einmal in weiblicher Gestalt offenbaren wird, ER selbst als SIE selbst. Und vielleicht wird das für manche von uns das erste Mal sein, daß wir uns in Gott verlieben. Viele Menschen, finde ich, lieben Gott gar nicht – vielleicht sogar die meisten, sogar sehr viele religiöse Menschen. Zu meiner Überraschung habe ich herausgefunden, daß viele religiöse Menschen Gott sogar hassen. Sie können das natürlich vor sich selber nicht eingestehen. Wie viele Menschen haben Angst vor Gott, wie viele Menschen erfahren Gott als Kälte und Abwesenheit, wie viele Menschen erfahren Gott so, als würde er mit ihnen spielen oder sie beschneiden! Es gibt nichts, wovor Sie sich fürchten müssen! Das Einzige, was wir verlieren können, ist dieses falsche Bild, das wir nicht brauchen. Dieses Bild von uns selbst, das immer zu klein ist, und dieses Bild von Gott, das immer zu klein ist. Sie müssen überhaupt nichts tun, wenn Sie hier weggehen. Bitten Sie einfach Gott darum, daß er Sie lehrt, loszulassen.

Ich komme am Ende auf das Bild der Maria zurück. Das Bild der Maria ist so vollkommen, weil sie die Fähigkeit zu haben scheint, sich leer zu machen. Ihr Schoß war leer. Sie war bereit, das loszulassen, was ihr die eigene Theologie über Gott sagte. Kein monotheistisches jüdisches Mädchen konnte damals auf irgendeine Weise auf die Inkarnation vorbereitet sein. Gott ist vollkommen transzendent und jenseitig. Und wenn sie den Rabbis geglaubt hat, daß Gott in Worten und in der Thora und in Geboten kommt, dann hat sie nichts darauf vorbereitet zu glauben, daß Gott Fleisch und ein Körper werden könnte. Das Ganze hatte nichts mit Theologie zu tun; es hatte vielmehr mit Verletzbarkeit, mit Loslassen, mit Leere, mit Selbstauslieferung zu tun – und nichts von alledem ist im Kopf. Es war eine Frau, die Ja gesagt hat, so daß Jesus in die Welt kommen konnte. Und je mehr die Kirche aus ihrem Kopf herauskommt und in ihre weibliche Seele hineingeht, desto mehr, glaube ich, wird sie dazu fähig werden, den Christus zu empfangen und den Christus auszutragen für die Welt. Keinen Christus, über den wir als Katholiken oder als Protestanten, als Liberale oder als Konservative streiten können, sondern nur einen Christus, dem man begegnen kann, einen Christus, auf den man stoßen kann, einen Christus, der nicht zuläßt, daß man ihn „kennt", sondern nur, daß man ihn liebt.

Fragen und Antworten

Ist die Basler Fastnacht, die wir gerade feiern, auch eine Art der Hingabe?

Ich bin sehr beeindruckt von der Art, wie hier Fastnacht gefeiert wird. Für diejenigen von Ihnen, die das Enneagramm kennen: Die Schweiz ist ein EINSer Land und was hier bei der Fastnacht auf den Straßen passiert, ist SIEBENer Energie. Das ist genau der Trostpunkt, den die EINS finden muß: Um zur Ruhe zu kommen und zur Integration, muß die EINS die SIEBEN in sich aufnehmen. Die Schweizer beweisen in ihrer Fastnachtstradition also ein natürliches Gespür für das, was ihnen gut tut.

Fast zur gleichen Zeit wurden in Rom zwei Menschen heiliggesprochen, Philippo Neri, der „Spaßvogel Gottes" mit seinem „Oratorium", und Ignatius von Loyola. Wer von beiden wäre uns heute näher?

Ich will nicht anti-jesuitisch sein, bloß weil ich Franziskaner bin. Aber Ignatius ist, um es mit dem Enneagramm zu sagen (und das ist nur eine Möglichkeit, es auf den Punkt zu bringen), eine EINS und spricht eine ziemlich moralistische, perfektionistische Sprache. Ich bin mir nicht sicher, ob wir davon noch mehr brauchen, auch wenn wir Ignatius einige wunderbare Instrumente zur Unterscheidung der Geister verdanken. Ich vermute, daß Ihre weibliche Intuition richtig ist, daß Philippo Neris Verspieltheit und Herzenszentriertheit für viele von uns vielleicht besser gewesen wäre. Wir haben aus der Erlösung ein sehr ernstes Geschäft gemacht und wirklich vergessen, vor dem Herrn zu spielen. Unsere Mütter haben uns erlaubt, vor ihnen zu spielen, unsere Väter haben uns gelehrt, uns anzustrengen und gute Jungs zu sein. Philippo Neri hatte wahrscheinlich eine gute Mutter.

Ich sehe, wie in der Sprache unserer Kirche das Männliche vorherrscht, auch in der Bibel, in den Psalmen heißt Gott immer der Herr. Haben Sie gute Hinweise für eine andere Terminologie?

Das ist zur Zeit ein Riesenproblem. Sie haben vollkommen recht: die liturgischen Texte sind fast gänzlich patriarchalisch und schreiben dieses enge Bild von Gott fort. Ich habe gehört, im Deutschen sei das noch schwieriger als in anderen Sprachen. In den USA werden viele Bücher von Ordensschwestern neugeschrieben: in einer neuen, nicht-sexistischen und inklusiven Sprache. In unserer Gemeinschaft legen wir darauf großen Wert. Viele Leute halten das für unwichtig; aber die Sprache ist sehr wichtig, weil sie die Kategorien festlegt, mit denen wir unsere Erfahrung interpretieren. Ich möchte Sie ermutigen, die Worte beizubehalten, die ich die „sexuell geladenen Worte" nenne. So sind z. B. die Worte „Vater" oder „Mutter" sexuell geladen (in ihnen steckt eine Menge „Power"!), wohingegen das Wort „Eltern" neutral und flach ist. Wenn wir sagen würden: „Mein Elternteil", wäre da keine Energie dahinter. Ich versuche bei der Liturgie, mich zwischen beiden hin und her zu bewegen; manchmal gebrauche ich das Wort „Vater", manchmal das Wort „Mutter". Im Englischen versuchen wir das Wort „men" (Männer/Menschen) zu vermeiden, wenn wir von Leuten (people) reden. Das Thema verdient ausführlichere Behandlung, aber für jetzt mögen diese kleinen Hinweise vielleicht genügen.

Haben Sie „Tips" für uns, wie wir die Formen ändern können, in denen wir uns in den Kirchen immer noch bewegen, und die uns daran hindern, das auszudrücken und zu verwirklichen, was Sie gerade gesagt haben?

Das ist eine Frage für einen Wochenend-Workshop. Sie haben vollkommen recht: Die Strukturen sind eindeutig patriarchalisch; im Katholizismus ist die ganze Form patriarchalisch, im Protestantismus sind die Denkmuster sehr maskulin: die Kanzel im Zentrum! Eine Art Ausgleich könnte offensichtlich geschaffen werden, wenn man das Nicht-Rationale und das Rationale, die linke und die rechte Gehirnhälfte, einigermaßen gleichberechtigt in der Mitte eines Kreises hätte: einen Altar und eine Kanzel in der Mitte eines Kreises. Ich habe deswegen auch das Bild von dem 12-Schritte-Programm gebracht, weil das ein Bild der „Kirche von unten" ist. Ich glaube, wir kommen nur weiter, egal aus welchen Konfessionen wir stammen, indem wir tun, was wir tun müssen. Aber treten Sie nicht aus der Kirche aus und lassen Sie sich auch nicht hinauswerfen. Was wir tun müssen, das müssen wir in einer schöpferischen Spannung mit der Geschichte und mit unseren Vorfahren tun. Das ist der einzige Weg, wie wir schließlich die Geschichte beeinflussen werden. Die Strukturen der Kirche repräsentieren in vielfältiger Weise den Punkt, an dem sich die Geschichte jetzt gerade befindet. Und Sie gehören zur ersten Generation von Kirche, die mit großer Klarheit zu dieser Einsicht durchstößt, obwohl wir sagen müssen, daß im Lauf der Geschichte viele einzelne das auch bereits getan haben, allerdings als Individuen. Ich sage gerne, als Kirche sind wir in unserer Bereitschaft für Christus ein Jahr pro Jahrhundert gewachsen. Das heißt, wir sind mittlerweile fast zwanzig Jahre alt. Wir beginnen jetzt, erwachsene Fragen an die Bibel zu richten. Viele Fragen der Reformation waren Fragen männlicher Kleriker, die männliche Kleriker bekämpft haben. Es waren Fragen von Teenagern: Wer hat recht? Wer hat die Macht? Jetzt sind wir zwanzig Jahre alt, junge Erwachsene, jetzt sind wir bereit zu lernen, wie wir einander begegnen und wie wir uns lieben können. Indem Sie das tun, entfaltet sich die Geschichte der Kirche. Aber lassen Sie die Tradition nicht fallen; sie hat uns bevatert und bemuttert, bis wir zu dem Punkt gelangt sind, an dem wir uns jetzt befinden. Wir tragen ihre Last, aber wir tragen auch ihre Freiheit. Trotz all unserer Lasten: diese Frage der weiblichen Einsicht entsteht vor allem auf dem Boden des westlichen Christentums.

Sollten wir nicht die Theologie einmal beiseite lassen, damit wir zur Spiritualität kommen? Wir bleiben mit der Theologie im Kopf stecken.

Wir benutzen das Konzept von der rechten und der linken Gehirnhälfte, das erst 1981 zu einem klareren Prinzip geworden ist. Es gibt jetzt Studien darüber, wo sich die einzelnen Nationen auf einem Kontinuum zwischen rechter und linker Hirn-Hemisphäre befinden. Die deutschsprachigen Menschen tendieren von allen Menschen der Welt am stärksten zur linken Hirnhälfte! Das soll keine Beleidigung sein: auch meine Eltern sprechen deutsch.
Die Frage, die Sie gestellt haben, ist sehr wichtig. Aber ich will dennoch nicht unterschlagen, wie wichtig gute Theologie ist. Hätte man mir keine gute Theologie beigebracht, hätte ich nicht die Autorität, hier zu stehen und das alles zu sagen. Gleichzeitig möchte ich aber betonen, wie unerhört wichtig vor allem anderen Spiritualität ist, und noch einmal sagen, was ich bereits anfangs gesagt habe, daß Religion eine der sichersten Methoden ist, Glauben zu vermeiden. Religion ist eine der sichersten Methoden, Gott zu vermeiden. Auch das wurde uns im Neuen Testament von den Mördern Jesu gezeigt. Es waren die Priester und Theologen, die

Jesus umbrachten. Und diejenigen, die ihn aufnahmen, das waren die Aussätzigen, die Säufer und die Prostituierten. In der Befreiungstheologie nennt man das „die bevorzugte Option für die Armen": Wahrheit ist nicht da, wo wir sie vermuten. Wie Jesus sagt: „Seid auf die Überraschung gefaßt, daß die Ersten die Letzten und die Letzten die Ersten sein werden" (Matth. 19,30).

Ist der Widersacher, der Teufel, bloß Projektion, oder sehen Sie, daß es auch hier reale Kräfte des Bösen gibt?

Als Student habe ich meinem Professor genau dieselbe Frage gestellt. Und er antwortete, es wäre wohl sehr schwer, einfach die ganze Bibel, die ganze Tradition und alle Weltreligionen beiseite zu schieben, die ziemlich durchgängig davon auszugehen scheinen, daß es personale böse Geister in der Welt gibt. Viele Indianer in New Mexico, wo ich jetzt lebe, haben überhaupt keinen Zweifel, daß es einen Teufel gibt. Und sie praktizieren sogar Exorzismen über den Arealen, wo wir Atomwaffen bauen. In unserer verkopften Theologie sind wir nicht so sicher, ob es einen Teufel gibt. Aber wir gehen hin und bauen die Atombombe. Es gibt zwei Extreme: den Teufel entweder zu ernst zu nehmen oder seine Existenz einfach zu leugnen. Ich persönlich habe zu viele Erfahrungen gemacht, als daß ich einfach die Existenz einer personalen bösen Gegenwart in der Welt leugnen könnte. Die Tradition hat gesagt, es gibt drei Quellen des Bösen: Erstens die Welt oder das „System", wie ich es nenne, das institutionalisierte Böse, strukturelle Sünde – dem haben wir bis heute wenig Beachtung geschenkt; zweitens das Fleisch, damit meinen wir aber nicht Sex, auch wenn das die meisten Leute glauben; wir meinen damit diese personalisierte Lüge, diese personalisierte Wunde, diese personalisierte Wut, die ich in meinem Körper mit mir herumtrage. Die dritte Quelle des Bösen ist der Teufel. Offen gestanden meine ich, wir sollten das Böse in dieser Reihenfolge angehen: erst die Welt, dann das Fleisch und schließlich der Teufel.

Wie konnte Jesus mit gutem Gewissen den Missionsbefehl an die zwölf Apostel geben, wenn sie doch durchweg Versager waren und bisher nichts begriffen hatten? Warum hat dann der weibliche Heilige Geist es nach Pfingsten nicht fertiggebracht, doch noch etwas Sinnvolles aus diesen Männern zu machen?

Ich bin natürlich nicht weise genug, um die Geschichte zu durchschauen, vor allem, nachdem die Tatsachen nun einmal feststehen. Aber ich glaube, das alles zeigt die Macht der ersten Quelle des Bösen, der Welt: Wir sind viel mehr in gesellschaftlichen Vorurteilen verfangen, als wir je gemerkt haben: Rassismus, Sexismus, Klassengesellschaft. Und ich kann daraus nur die Lehre ziehen: Wer immer dieser Gott ist, dieser Gott ist sehr geduldig. Gottes Wunsch ist es anscheinend, daß sich die Wahrheit in uns entfaltet, und das ist das große Risiko der Inkarnation. Wenn Gott die Geschichte beherrscht hätte, dann würde er genau das tun, was das Patriarchat tut. Es scheint so, als würde Gott weder an Herrschaft glauben noch uns die Wahrheit aufzwingen wollen. Aber wenn wir unserem Christus Glauben schenken, dann kommt Gott zu uns in Machtlosigkeit und Verwundbarkeit. Er hat sogar zugelassen, daß wir furchtbar viele Fehler mit seinem Evangelium machen. Gott hat genügend Autorität oder Macht, um zu warten. In der Sprache männlicher Spiritualität nenne ich das „gesunde männliche Energie". In diesem Sinne ist Gott tatsächlich männlich. Obwohl in der Geschichte die Tugend der Geduld viel häufiger von Frauen gezeigt wurde.

Sie haben Geduld und Hingabe und Liebe als typisch weibliche Eigenschaften beschrieben, im Gegensatz zum verkopften Denken des Männlichen. Besteht da nicht die Gefahr, daß Frauen in der Gesellschaft dann immer auf diese Rolle festgelegt bleiben? Ist nicht die Marienverehrung eben gerade auch dadurch ein Instrument patriarchalischer Theologie gewesen? Vielleicht wollen ja Frauen nicht immer nur am Hintereingang stehen und jemanden reinschmuggeln, sondern vorne neben Petrus stehen mit dem Schlüssel in der Hand.

Deswegen habe ich versucht zu sagen, bestimmte Eigenschaften sind vielleicht weiblich. Es ist sehr gefährlich, bestimmte Eigenschaften männlich oder weiblich zu nennen. Auch wenn es natürlich stimmt, daß die Kultur ein bestimmtes Bündel von Eigenschaften als männlich definiert und bei Männern belohnt hat, und umgekehrt bei Frauen. Das Ziel ist, daß wir alle „wilde Männer" und „wilde Frauen" werden. Und dann haben wir beide unsere Reise hinter uns und können uns am Ende als Gleichberechtigte mit beiden Qualitäten treffen.

Richard, ich habe tiefe Sehnsucht nach dieser wilden, gesunden Männlichkeit. Kannst Du die noch ein bißchen beschreiben?

Wir haben gerade in Zürich ein sehr schönes Wochenende mit vierzig Männern verbracht. Und auch am Ende des Wochenendes haben wir es noch nicht voll beschreiben können. Hier nur so viel: Die Reise des Wilden Mannes, wie ich sie nenne, fordert das Primat des Handelns, auch wenn wir falsch handeln. Die Fehler, die wir machen, sind die besten Lehrer der Welt. In der griechischen Mythologie fahren die jungen Helden immer hinaus zu großen Taten, zu Abenteuern; diese Reise spielt sich nicht im Kopf ab. Und die Frau, die Märchenprinzessin, die „anima", wird erst am Ende der Reise entdeckt. Im amerikanischen Kino sehen Sie die Frauen immer gleich in der ersten Szene; weil es keine Reise gibt, kein Handeln, kein Risiko. Und darum gibt es auch keine eigentliche Begegnung mit dem Gegenteil. Wir haben unser Zentrum in New Mexico „Zentrum für Aktion und Kontemplation" genannt. Und viele Christen in den USA fragen mich immer wieder: Ist das nicht falsch, sollte das nicht „Kontemplation und Aktion" heißen? Und ich sage immer: Nein, ich habe Aktion mit Absicht an den Anfang gestellt, weil wir nichts haben, worüber wir kontemplativ werden können, solange wir nicht gehandelt haben.

Wenn uns unser Vater gesagt hat, wir dürften keine Fehler machen, wenn aus uns zu früh brave Jungs gemacht wurden, dann unterdrücken wir die Sehnsucht nach dieser Reise, weil sie uns zuviel Angst macht. Wir könnten ja einen Fehler machen, wir könnten nicht vollkommen sein und wir könnten keine braven Jungs sein.

Der Anfang der männlichen Reise ist es, das Risiko auf sich zu nehmen und auf irgendeine ganz reale und praktische Weise auf die Straße zu gehen. Es ist das Primat der Praxis, daß man die Energie aufbringt, ein ganz konkretes Engagement in einer ganz konkreten Situation einzugehen, die ein Wagnis erfordert oder wo es um Leiden oder Unterdrückung geht. Und dann kann man zurückkommen und es „schmecken". Das bekannteste, was von Maria gesagt wird, ist, daß sie all diese Dinge in sich bewahrt und in ihrem Herzen bewegt hat. Wir lehren kontemplatives Gebet, weil das der einzige Weg ist, einen Raum zu schaffen, der groß genug ist, um all deine Erfahrungen aufzunehmen, so daß du sie nicht beurteilen mußt. Du kannst alles einfach zulassen, Gutes und Schlechtes, Dunkel und Licht, männlich und weiblich. All das ist dein Lehrer. Wenn wir zu früh Urteile fällen und uns weigern, Risiken einzugehen, dann werden wir spirituell nie erwachsen.

Gemeinschaftliches Leben als Herausforderung

Ein Nachmittagsgespräch in Basel, 8. März 1990
(Bei diesem Baseler Nachmittagsgespräch waren vor allem Mitglieder christlicher Gemeinschaften und Kommunitäten zugegen)

Bei uns in den USA sagt man, jeder ist ein Experte, der von mehr als 300 Meilen weit herkommt. Das ist der einzige Grund, warum ich heute der Experte bin. Ich möchte jedenfalls von den Erfahrungen her sprechen, die ich bisher gemacht habe.
Vielleicht wissen einige von Euch, daß ich der Gründer und (vierzehn Jahre lang) der Pastor einer Gemeinschaft in Ohio gewesen bin. Vor vier Jahren habe ich ein kontemplatives Jahr eingelegt; danach bin ich nach Neu Mexiko gezogen, wo ich ein neues Zentrum gegründet habe. Unser Zentrum in Albuquerque ist nicht so sehr eine Gemeinschaft, sondern mehr ein Trainings-Center für Leute, die mit den Armen und den Unterdrückten arbeiten. Wir versuchen, spirituelle Anliegen und Anliegen der sozialen Gerechtigkeit zusammenzubringen.
Anfang der siebziger Jahre war ich in den USA sehr stark an der Gründung der „Gemeinschaft der Gemeinschaften" (einem Netzwerk amerikanischer Basisgemeinschaften) beteiligt. Von den etwa fünfzehn Gemeinschaften, die sich damals zusammengeschlossen haben, existieren nur noch zwei: „New Jerusalem" in Cincinnati und die „Sojourners" von Jim Wallis in Washington. Immer wenn ich mit Jim Wallis darüber spreche, ist das sehr schmerzvoll für uns, und wir zerbrechen uns den Kopf darüber und fragen uns: Warum haben so viele Gemeinschaften angefangen und sind wieder eingegangen?
Die plausibelste Antwort, die ich bisher gefunden habe, lautet: Sie haben sich selbst zu Tode gequält. Aber ich denke auch, daß sie sich schwer getan haben, Spiritualität und das Engagement für die Fragen sozialer Gerechtigkeit zu integrieren. Einige von ihnen

entwickelten sich zu sehr zu „therapeutischen Gemeinschaften" und sind implodiert. Nach zwei oder drei Jahren fragten sich viele Mitglieder: „Was soll ich hier eigentlich noch?" Viele der eher politisch orientierten Gemeinschaften haben einen Haufen Idealisten versammelt. Sie haben sich mit ihrem Idealismus gegenseitig aufgerieben. Oft waren sie mehr in ihre Ideale verliebt als in die Wirklichkeit. Ohne eine ernsthafte spirituelle Reise ist es sehr vorhersagbar, daß man mehr in die Idee der Gemeinschaft verliebt ist als in die Realität.

Neuen Gruppen sage ich immer wieder, daß es von Anfang an sehr wichtig ist, äußerst ehrlich zu sein im Blick auf die wirklichen Erwartungen und Voraussetzungen, die man mitbringt. Natürlich dauert es lange, bis wir die selber herausgefunden haben, vor allem, weil so viele dieser Gemeinschaften von jungen Leuten gegründet wurden. In einer Kultur wie der unseren, wo die Leute sehr langsam erwachsen werden, wurden die Gemeinschaften unweigerlich zu einem Ort, wo man seine Identitätsprobleme aufgearbeitet hat.

Dasselbe gilt heutzutage natürlich auch für die Vorbereitung auf ein religiöses Ordensleben. Die Novizenmeister religiöser Orden müssen sich mehr als viele andere Berufe mit einer immensen Fluktuation herumschlagen. Es ist sehr schwierig, Zwanzigjährige zu halten, die gerade erwachsen werden. Es ist auch deshalb schwierig, weil viele junge Leute diese Gemeinschaften einfach ausnutzen, um da erwachsen zu werden. Aber wenn man die kapitalistische Natur unserer Kultur in Betracht zieht, kann das kaum überraschen. Denn die meisten Dinge werden heutzutage nur als Mittel betrachtet, das eigene Ich zu erweitern oder zu bereichern. So wird auch Gemeinschaft leicht zu einem Konsumartikel neben anderen; und wenn ich sie konsumiert habe, kann ich sie natürlich verlassen. Leider gilt das sogar mitunter für die Ehe. Die grundlegenden Voraussetzungen, die früher langfristig stabile Gemeinschaft geschaffen haben, werden heute gesellschaftlich nicht mehr mitgetragen. Wir Ordensleute beispielsweise haben feierliche Gelübde abgelegt, aber das zu verstehen wird für die Menschen immer schwieriger. Das gilt ganz bestimmt für den Zölibat, weniger für die Armut. Mehr und mehr Leute erkennen die Notwendigkeit, ein einfaches Leben zu führen. In der Reagan-Ära oder Yuppie-Ära wurde Habgier in unserer Gesellschaft salonfähig. Jetzt scheinen wir in den USA diesbezüglich eine Kehrtwende zu machen; es gibt eine neue Wertschätzung dafür, anderen zu dienen, statt nur die eigene Karriere zu verfolgen. Wir werden dankenswerterweise sehr von unseren Leuten beeinflußt, die Mittelamerika, vor allem El Salvador und Nicaragua, besucht haben. Und viele der Missionare kommen zurück und erzählen uns, was in den Basisgemeinden vor sich geht. Wir sind überzeugt, daß die nordamerikanische Kirche von der lateinamerikanischen Kirche bekehrt werden wird.

Nachdem ich vierzehn Jahre in einer verbindlichen Gemeinschaft engagiert war, wollte ich in New Mexico bewußt etwas anderes machen. Unsere Hauptabsicht war nicht, eine Gemeinschaft zu gründen; unsere Hauptabsicht war, Leute zu sammeln, die eine Vision für den Dienst an der Welt hatten, sie für diese Arbeit auszubilden und zu befähigen. Wir vertrauten darauf, daß dabei als Nebenprodukt eine andere Art von Gemeinschaft entstehen würde. Jetzt nach dreieinhalb Jahren sind wir über das Ergebnis sehr glücklich. Wir merken, daß wir in dieselbe Richtung blicken und daß wir uns dabei an den Händen halten, weil es nötig ist – und beinahe zufällig. Wir zerbrechen uns nicht so sehr den Kopf, *wie* wir uns bei der Hand halten. Viele unserer Gemeinschaften haben sich, wie gesagt, zu Tode gesorgt, weil wir jeden Morgen das Thermometer in den Mund gesteckt haben, um die Temperatur der Gemeinschaft zu messen.

Ich glaube wirklich, daß das Evangelium die ganze Welt zu einer Art von Gemeinschaft beruft, zu der Möglichkeit eines teilbaren Lebens. Aber Gemeinschaft ist eine Kunstform, und es gibt offenbar viele Möglichkeiten, sich zusammenzutun. Ich kenne in Amerika sehr viele Ordensleute, die in Klöstern leben, aber nicht gemeinschaftsfähig sind. Sie sind sehr in sich selbst gefangen. Und gleichzeitig kenne ich sehr viele Schwestern, die allein in Mietwohnungen leben und total kommunitär sind, die mit dem Leben ganz vieler Leute verbunden und vernetzt sind. Das Geheimnis ist, wie man andere Leute an sich heranläßt, und wie man aus sich selbst herausgeht; das ist natürlich zugleich das Geheimnis der Spiritualität, das Geheimnis der Verwundbarkeit und Machtlosigkeit. Wenn ein Mensch auf einer ernsthaften inneren Reise zu seiner eigenen Machtlosigkeit ist, und dabei in unmittelbarem Kontakt mit den machtlosen Menschen der Welt steht, dann wird sich Gemeinschaft ereignen. Wenn eines von beiden fehlt, sind Menschen nicht kommunitär. Ohne ein inneres Leben und ohne das, was wir „Gerechtigkeitsliebe" nennen, dienen die meisten Gemeinschaften nur sich selbst. Gerade in unserem Land müssen wir darauf aufpassen, denn wir sind von Haus aus ziemlich narzißtisch; wir hatten genug Muße, um Nabelschau zu betreiben. Weil so viele Familien zerbrechen, kommen natürlich viele Leute in die Gemeinschaften, um dort die Familie zu erleben, die sie nie gehabt haben. Das ist verständlich, aber ich bin überzeugt, daß man Menschen zu einer Vision außerhalb ihrer selbst berufen muß – um ihrer eigenen Heilung willen. Bis zu einem bestimmten Grad, wenn auch nicht total, werden wir trotz unserer selbst geheilt und befreit – als Nebenprodukt, wie ich gesagt habe. Wir können nicht unser ganzes Leben lang in erster Linie gezielt an der eigenen Selbstheilung arbeiten. Denn das ist Gnade, ein Geschenk. Das heißt nicht, daß wir uns nicht Zeit nehmen sollen, an unseren Problemen zu arbeiten. Ich glaube allerdings, daß die therapeutische Gesellschaft ihre Grenzen hat.

Fragen und Antworten

Wie sieht die Lebensform in eurem Zentrum aus? Wie unterscheidet sie sich von herkömmlichen Gemeinschaften?

Die Metapher, die hinter unserem ganzen Zentrum steht, ist die Metapher von einer *Schule für Propheten*. Das steht zwar nicht über unserer Tür geschrieben, aber so nennen uns manche Leute. Es ist mein Wunsch (und ich hoffe, das ist gute franziskanische Theologie), innerhalb der Kirche zu bleiben, aber zugleich so weit am Innenrand der Kirche wie möglich. Glücklicherweise haben mich dabei viele Bischöfe und Ordensobere unterstützt. So gab man uns die Möglichkeit, einen Ort zu schaffen, wo Leute zu kreativer Kritik ausgebildet werden – aber auf der Grundlage des Glaubens. Interessanterweise haben wir in der Kirche eigentlich alle Charismen gefördert – außer dem Charisma der Prophetie.

Die Leute kommen zu uns zu sogenannten Praktika, die zwischen zwei Wochen und fünf Monate dauern; und das ganze Jahr über veranstalten wir viele Retraiten, Seminare, Workshops usw. Die Leute schreiben uns und wir versuchen, aus ihren Bedürfnissen

Linsenverteilen in Eritrea

Wenn ein Mensch auf einer ernsthaften inneren Reise zu seiner eigenen Machtlosigkeit ist, und dabei in unmittelbarem Kontakt mit dem machtlosen Menschen der Welt steht, dann wird sich Gemeinschaft ereignen.

heraus ein individuelles Programm zu entwickeln. Das Wesentliche an solchen Programmen ist immer der unmittelbare Kontakt mit den Armen und Unterdrückten, z. B. im Gefängnis, mit Obdachlosen, mit Flüchtlingen oder mit mißhandelten Frauen und verschiedenes mehr. Am Nachmittag und am Abend finden dann im Zentrum Gruppenarbeit und Unterricht mit anschließendem Gespräch statt. Jeder Teilnehmer hat einen Mentor und einen persönlichen geistlichen Begleiter, der ihnen hilft, all das zu verarbeiten, was passiert. Die Unterrichtsschwerpunkte liegen im Bereich der Befreiungstheologie, das heißt, die Bibel mit den Augen der Dritten Welt zu lesen oder mit den Augen von Frauen statt mit den Augen von Klerikern.

Kontemplatives Gebet wird bei uns sehr betont, denn wir haben das Gefühl, daß wir mit Worten vollgestopft sind und zu lange über Rituale gestritten haben. Die katholische Kirche verlangt natürlich bei der Eucharistiefeier die Leitung durch einen Priester; deshalb haben wir Katholiken Angst vor Gebetsformen, die einen Priester als geistlichen Leiter überflüssig machen, wie es z. B. in Lateinamerika passiert. Der Hauptgrund ist aber, daß wir Gebetsformen brauchen, die uns von der Fixierung auf das eigene Ego und von unserer Identifikation mit unseren Gedanken und Gefühlen befreien. Wir müssen lernen, geistlich leer zu werden; und ich sehe nichts außer dem kontemplativen Gebet, was die Kraft hat, das zu vollbringen. Das ist die eine Sache, über die wir uns vor allem anderen absolut klar sind; und sie hat bisher bereits außerordentlich starke Ergebnisse erzielt.

Jeder Tag im Zentrum fängt mit einer zwanzigminütigen „Sitzung" an: Wir sitzen und schweigen. Wir unterrichten bei uns auch soziale Analyse. Amerikaner neigen dazu, politisch ziemlich naiv zu sein: sie denken, entweder ist jemand Amerikaner oder Kommunist. Glücklicherweise hat sich das jetzt etwas geändert, weil wir die Russen jetzt einfach nicht mehr als Feinde abstempeln können. Wir versuchen also, den Leuten eine genauere Sozialanalyse zu vermitteln, mit deren Hilfe sie die Vorgänge in der Welt interpretieren können. Unsere Schlußfolgerung ist nicht links oder rechts, sondern die Option für die Armen. Wenn man anfängt, Dinge intellektuell zu analysieren, findet man immer Wahrheit auf *beiden* Seiten; aber wir meinen, das Evangelium hat uns die klare Anweisung gegeben, daß wir auf der Seite derer stehen sollen, die ganz unten sind. Das nennen wir das „Vorurteil von unten".

Ich leite einen langen Kurs, der „Spiritualität der Subtraktion" heißt, in dem ich versucht habe, Psychologie, Theologie und Politik unter einen Hut zu bringen und zu erkennen, wie wir in allen Lebensbereichen loslassen müssen. Gerade als Menschen des Westens sind wir nicht geübt, loszulassen. Sogar die Kirchen haben uns, glaube ich, eine Spiritualität der Addition und nicht der Subtraktion gelehrt, eine einseitige Beschäftigung damit, Gnadenerweise zu erlangen und heilig zu werden. Ich dachte immer, die Protestanten hätten uns Katholiken in diesem Bereich reformiert, aber inzwischen, glaube ich, sind sie genauso schlimm. Denn wir sind alle Kapitalisten, und wir haben das Evangelium von unserem kapitalistischen Vorverständnis her ausgelegt, das immer das Ego im Zentrum beläßt und alles zum Konsumprodukt macht. Es ist erstaunlich, wie schnell Leuten dieser Ansatz einleuchtet; es gibt eine große Bereitschaft, sich auf eine Spiritualität der Subtraktion einzulassen. Ich glaube, wir sind dabei, unsere Schattenseiten zu erkennen.

Sie reden immer vom Loslassen. Wie macht man das? Wie wird man machtlos?

Zuallererst: Sie nehmen sich nicht vor, das zu tun; es widerfährt Ihnen. Wenn Sie es darauf anlegen, wird es nur Ihr eigenes Ego verstärken. Wir können uns nicht selber bekehren, wir werden bekehrt. Wir müssen uns auf eine Weise in der Welt ansiedeln, daß die Umstände, die Wirklichkeit an uns herankommt, daß das Nicht-Ich mich berühren kann. In vielen unserer Kirchen besteht die Gefahr, daß jeder genauso aussieht wie ich. Sie sind alle weiße Katholiken, mit angelsächsischem Stammbaum, mit derselben Bildung. So wird niemand bekehrt, sondern sie legitimieren sich gegenseitig auf ihrem jeweiligen Stand der „Nicht-Bekehrung". „Ekklesia" heißt eigentlich: „Jene, die herausgerufen sind"; wir aber wurden nicht herausgerufen, wir wurden hineingerufen.

Wir werden am diesjährigen Karfreitag von zwölf bis drei einen Kreuzweg durch die ganze Stadt veranstalten. Wir werden vor dem Gericht beginnen („Jesus wird zum Tode verurteilt"); und dann gehen wir zum Gefängnis („Jesus fällt zum ersten Mal hin"). Wir machen das in diesem Jahr zum ersten Mal; die Kreuzweg-

Aktion wurde von den Leuten aller Kirchen mit großer Begeisterung aufgenommen – außer von einigen Klerikern, die sagen: „Ihr holt die Leute aus der Kirche raus!" Als ob sich Kirche im Kirchengebäude ereignen müßte! Aber diese Annahme ist Jahrhunderte alt und sehr schwer zu überwinden. Das wäre ein Beispiel dafür, wo die *Kirche* anfangen muß, loszulassen.

Aber das Allerwichtigste für uns überhaupt ist es, kontemplatives Gebet zu lehren. In den ersten Stunden muß ich den TeilnehmerInnen viele Übungen anbieten, um ihnen beizubringen, sich nicht mit ihren Gedanken und Gefühlen zu identifizieren. Viele unserer christlichen Gebetsformen haben damit zu tun, über Gott nachzudenken oder Gefühle über Gott zu haben. Ich glaube, diese beiden Formen sind äußerst begrenzt. Das ist verständlich, weil wir das Evangelium auf der linken Gehirnhälfte lokalisieren, der es leichter fällt, zu denken. Eine andere wichtige Sache, die wir loslassen müssen, ist die Dominanz der linken Gehirnhälfte. Die linke Gehirnhälfte will immer alles verstehen und erklären. Sie hat Angst davor, in die „Wolke des Nichtwissens"[1] einzutreten. Das ist die Schwäche der Theologie, solange sie von Spiritualität getrennt ist; deswegen lehren wir mehr Spiritualität als Theologie – in der Geschichte war es genau umgekehrt. Wir müssen also wahrscheinlich auch unser Bedürfnis nach einer klaren und tröstlichen Theologie loslassen, denn wir werden ins Geheimnis hineingeführt. Deshalb müssen wir schließlich unser Kontrollbedürfnis loslassen. Die meisten von uns entdecken mit großer Betroffenheit, daß wir ein großes Kontrollbedürfnis haben.

Die drei großen Dinge, die wir meiner Meinung nach loslassen müssen, sind folgende: den Zwang, erfolgreich zu sein; den Zwang, recht zu haben – auch gerade theologisch recht zu haben; das ist ein Egotrip, und doch haben sich aus diesem Bedürfnis heraus Kirchen gespalten, und beide Parteien waren Gefangene des eigenen Egos; schließlich den Zwang, mächtig zu sein, alles unter Kontrolle zu haben. Ich bin überzeugt, daß dies die drei Dämonen sind, denen Jesus in der Wüste ins Gesicht sieht. Und solange wir diesen drei Dämonen in uns selbst nicht ins Gesicht gesehen haben, sollten wir davon ausgehen, daß sie immer noch herrschen. Die Dämonen müssen beim Namen genannt werden,

---

[1] Die Wolke des Nichtwissens, Johannesverlag Einsiedeln, 2. Aufl. 1983. Eine Einführung in das mystische Gebet aus dem 14. Jahrhundert.

und zwar klar, konkret und praktisch: auf welche Weise wir herrschsüchtig und rechthaberisch sind. Das ist die erste Lektion der Spiritualität der Subtraktion.

Sie hat auch viele soziale und politische Implikationen und führt uns auch dazu, unsere politischen Mythologien loszulassen: daß wir zum Beispiel das beste Land der Welt sind, was viele Amerikaner glauben. Wir müssen ziemlich bald – denn es ist nicht mehr viel Zeit – den Nationalismus überwinden; wir müssen auch den Zwang ablegen, so viele Dinge zu besitzen und alles für uns privat zu haben. Das wäre natürlich ein gutes Argument für physische Gemeinschaft, daß nicht jeder von uns sein eigenes Auto und seine eigene Waschmaschine braucht.

Welche Formen des kontemplativen Gebets zieht ihr vor?

Die wichtigste Form für uns ist eine Art *Gebet der Sammlung*. Diese Form wurde in Amerika sehr stark von den Trappisten gelehrt; da ich sehr viele Exerzitien für Trappisten gehalten habe, habe ich es von ihnen gelernt. Thomas Keating hat darüber ein ausgezeichnetes Buch geschrieben[2]. Von außen betrachtet sieht es fast wie eine Zen-Gebetsform aus, weil wir erst einmal nichts zu tun versuchen, um das Ego zu verstärken. Mit anderen Worten: Es gibt im Anschluß kein gemeinsames Gebet. Das heißt nicht, daß gemeinsames Gebet nicht in Ordnung ist; wir praktizieren das an anderen Orten. Aber wir haben herausgefunden, daß wir an jedem Morgen, wenn wir wußten, daß zum Schluß die Gebetsgemeinschaft kommt, darüber nachgedacht haben, wie wir ein schönes Gebet formulieren könnten. Wir legen im Anschluß in der Regel auch keinen Wert auf irgendwelche Gemeinschaftsaktionen wie gemeinsames Kaffee- oder Teetrinken. Auch dafür gibt es andere Gelegenheiten. Diese Gebetstreffen bieten dir also keinerlei Belohnung, weder eine soziale noch eine ichbezogene: Es gibt dabei auch keine schöne Musik, um ein gutes Gefühl herbeizuführen. Die Gefühlswelt wird also auch nicht belohnt. Man sitzt einfach zusammen schweigend da.

Ich lebe in Albuquerque einen Häuserblock entfernt von dem Haus, wo sich die Quäker treffen. Zu dieser Gemeinschaft gehören nur 30 Leute; aber ich behaupte, diese 30 Leute haben mehr

---

2 Thomas Keating, Das Gebet der Sammlung, Eine Einführung und Begleitung des kontemplativen Gebetes, Vier-Türme-Verlag Münsterschwarzach, 1987.

Einfluß als die meisten übrigen Kirchen zusammengenommen. Ihre einzige Gebetsform ist es, zusammenzukommen und schweigend dazusitzen und auf Gottes Geschenk zu warten. Sie theologisieren nicht, sie sprechen nicht und vollziehen nicht einmal irgendwelche Rituale; sie lassen einfach ihr Ego los. Ich denke, diese Gruppen haben uns viel beizubringen, vor allem in den westlichen Kirchen.

Loslassen hat für mich sehr viel zu tun mit Vertrauen haben, und ich bin oft von Angst blockiert. Wie kann man diese Angst bewältigen?

Zuerst einmal würde ich Ihnen nicht raten, sie *bewältigen* zu wollen. Das heißt nicht, daß es nicht auch dafür einen anderen Ort geben mag. Aber man kann die Seele nicht reparieren. Man kann nur die eigene Wut und die Angst vor dem Vertrauen erkennen und sich weigern, sich damit zu identifizieren. Weil wir die Kunst der Selbstdistanzierung verlernt haben, sind wir jetzt eine abhängige Gesellschaft. Als ich Franziskanernovize war, haben wir sehr viel über diese Distanzierung gelernt; aber in den letzten zwanzig Jahren haben wir darüber in unserem Orden nicht mehr gesprochen. Deswegen sind wir gebunden. Wenn wir nicht lernen, unsere Gefühle loszulassen, haben nicht *wir* Gefühle, sondern die Gefühle haben *uns*. Wir müssen fragen: Wer ist dieses Ich, das diese Gefühle hat? Die geistliche Reise führt uns zu diesem Ich. Aber die meisten Menschen des Westens sind diesem Ich nie begegnet. Sie sind identisch mit ihrem Bewußtseinsstrom, mit ihren Gefühlen. Verstehen Sie mich nicht falsch: Ich sage nicht, daß Sie Ihre Gefühle unterdrücken oder verleugnen sollen. Ich fordere Sie auf, sie zu benennen, zu identifizieren und zu beobachten. Aber bekämpfen Sie sie nicht und identifizieren Sie sich nicht mit ihnen. Diese Kunst zu lehren bedeutet, kontemplatives Gebet zu lehren.

Jetzt werden Sie vielleicht fragen: Was hat das überhaupt mit Gott zu tun? Alles, was wir tun können, ist, uns selbst beiseite zu schaffen – und selbst das können wir nicht selbst machen, auch das widerfährt uns. Aber wir müssen lernen, uns selbst nicht ganz so ernst zu nehmen. Wenn wir erst einmal leer sind, ist Gott mit Händen zu greifen.

Sie sind bereits ein bewußter Mensch, sonst wäre Ihnen auch die eigene Wut und Ihr Vertrauensmangel nicht bewußt. Bringen Sie dem Herrn diese Wut und dieses Mißtrauen als Ihre persönliche Machtlosigkeit. Sagen Sie: „Gott, ich kann nicht *nicht* wütend sein, ich kann nicht vertrauen!" Das ist Ihre Leere. Sie benennen also Ihre Wut und geben sie zu, aber Sie identifizieren sich nicht damit oder erlauben nicht, daß sie sich mit Ihnen identifiziert. Das ist eine große Freiheit, die, wie ich denke, gute Psychologie mit guter Spiritualität verbindet.

Wie sollen die Leute nach diesen Trainingskursen konkret politisch arbeiten? Wie sieht die konkrete Arbeit mit Leuten am Rande der Gesellschaft aus?

Ich habe bereits erwähnt, daß alle Praktikanten einen Mentor und einen geistlichen Begleiter haben. Wir haben kein vorherbestimmtes Ziel für die Leute. Die MentorInnen und die geistlichen BegleiterInnen arbeiten zusammen mit den betreffenden Leuten aus, was sie konkret machen können, wenn sie nach Hause zurückkommen. Das einzige „Vorurteil", das wir haben und zulassen – denn wir sind *nicht* neutral und haben uns allzulange der Illusion hingegeben, neutral zu sein – führt dazu, daß wir den Leuten helfen wollen, einen Platz an der Seite der *Machtlosen* zu finden. Das wird ihr Lehrer sein. Dieser Standort wird sie auch weiterhin verändern. Ich weiß nicht, warum es so lange gedauert hat, bis wir das gesehen haben. Vielleicht bin auch ich blind – aber für mich ist dies die einzige Art, wie das Evangelium Sinn macht. Es ist nicht *primär* eine politische Position, aber es ist *auch* eine politische Position, wie man am Beispiel Mittelamerikas sehen kann. Man hat mir erzählt, daß es dort in den letzten zwanzig Jahren mehr Märtyrer gegeben hat als in den ersten zwei Jahrhunderten der römischen Kirche – einfach deshalb, weil sie auf der Seite der Armen standen.

Das ist mir noch nicht konkret genug. Wenn Leute in Südamerika den Standort wechseln und auf die Seite der Armen gehen, dann äußert sich das ja in ganz konkreten politischen Aktionen. Sie begleiten die Leute auf Demonstrationen, nehmen an sozialen Kämpfen teil und so weiter.

Meinst du zivilen Ungehorsam, ins Gefängnis gehen, gewaltlosen Widerstand, alle diese Dinge? Wir befassen uns in Kursen und Dialogen beständig mit diesen Themen. Zwei unserer Leute begleiten im Moment gerade Leute in El Salvador, weil die Regierung in El Salvador ziemliche Hemmungen hat, Amerikaner zu töten, denn wir geben ihnen ja eine Million Dollar am Tag. Die meisten von uns aus dem Zentrum waren schon mehrfach in Untersuchungshaft; wir sind fest davon überzeugt, daß Formen bürgerlichen Ungehorsams und gewaltlosen Widerstands nötig sind. Aber wir sagen den Leuten nicht, wann und wie und wo sie das tun sollen.

In New Mexico stehen zwei von drei Atomlaboratorien der USA: Los Alamos, wo die Atombombe erfunden wurde, und Kirkland, direkt in unserer Stadt Albuquerque. Jeden Freitagmorgen stehen wir an den Toren, wo 18 000 Arbeiter in das Werk strömen, und wir halten Plakate hoch, die Fragen des Glaubens thematisieren. Wir versuchen nicht, selbstgerecht oder anklagend zu sein, wir werfen einfach Fragen auf. Glücklicherweise hat das zu einem vielbeachteten und, soweit ich weiß, landesweit einzigen Dialog mit den Leuten geführt, die dort arbeiten. Wir bevorzugen diese Verfahrensweise, nämlich zuerst Fragen aufzuwerfen und dann zum Dialog einzuladen, anstatt einfach nur anzuklagen – obwohl auch der prophetische Zeigefinger seine Berechtigung und seinen Ort hat. Konkret genug?

Wie erfahren Sie die Macht der weltlichen und der kirchlichen Behörden in ihrem Land? Wie beurteilen diese ihre Arbeit oder stellen sich ihr entgegen? Denn es ist ja für Amerika eine sehr neue Form von Gemeinschaft und von Religiosität.

Aus irgendeinem Grund habe ich sehr viel Glück gehabt und bin sehr gesegnet. Obwohl ich mich häufig kritisch geäußert habe, bin ich einer der beliebtesten Exerzitienmeister der Bischöfe und Priester in unserem Land – und das überrascht auch mich. Warum laden sie mich ein? Ich denke und hoffe, sie wissen, daß ich ein Sohn der Kirche bin und nicht außerhalb stehe. Ich denke, sie vertrauen mir, daß meine Theologie solide ist – das hoffe ich selbst – und daß ich nicht unverantwortlich Kritik um ihrer selbst willen äußere. Beide Arten von Kritik haben eine unterschiedliche Energie und Ausstrahlung. Ich habe nie geplant, so zu werden. Ich bin aber dankbar, daß mir die Leute sagen, es ist einfach so. Ich denke, der Heilige Franz und die franziskanische Spiritualität haben mir eine ganze Menge darüber beigebracht, wie man *von innen refor-*

miert. Als ich noch ein sehr junger Priester war, hat mich Erzbischof Bernhardin von Cincinnati, der jetzt Kardinal von Chicago ist, unter seine Fittiche genommen. Er hat mir immer gesagt: „Tun Sie, was Sie tun müssen, aber machen Sie keinen Film draus. Zwingen Sie mich nicht zum Eingreifen!" Er hat ein wunderbares Unterscheidungsvermögen dafür, was gesagt werden muß und was der Bischof sagen muß. Die meisten können diese Unterscheidung anscheinend nicht machen. Sie denken, was sie sagen müssen, sei wirklich die objektive Wahrheit. Er besaß genug Abstand und Einsicht in die politischen Realitäten, um beides auseinanderhalten zu können. Er hat mir zu einem guten Start verholfen. Der Franziskanersuperior hat zu mir gesagt: „Richard, mach weiterhin Tonbänder und schreib bloß keine Bücher." In Amerika bin ich vor allem durch Kassetten bekannt geworden, nicht durch Bücher. Bloß in Europa machen sie aus den Bändern Bücher. Der Superior meinte: Das kirchliche Lehramt wird mindestens zwanzig Jahre brauchen, um bei deinen Kassetten nachzukommen – sie können Kassetten nicht Häresie nennen. Wenn ich also in Schwierigkeiten komme, hängt das bestimmt mit den deutschen Büchern zusammen.

Ist die Zusammensetzung Ihrer Mitarbeiter konfessionsgebunden?

Wir nennen uns selber katholische Ökumeniker. Etwa 70 Prozent der Leute, die zu uns kommen, sind tatsächlich katholisch. Doch das hängt damit zusammen, daß in unserer Gegend die Katholiken tendenziell mehr soziales Bewußtsein haben. Die lateinamerikanische Kirche ist dabei, die katholische Kirche in den USA zu radikalisieren. Aber die anderen 30 Prozent kommen aus allen anderen Konfessionen. Die Mennoniten und Quäker sind sehr glücklich, weil sie einfach nicht glauben können, daß wir katholisch sind. Sie sagen: „Ihr redet ja wie wir!"
Aber selbst in vielen theologischen Ausbildungsstätten im Land zeigt sich, daß die historisch gewachsenen konfessionellen Unterschiede mehr und mehr an Bedeutung verlieren. Wir nennen das sogar „die europäische Frage". Und wir fragen uns: Warum müssen wir uns die europäischen Fragen aufhalsen?
Jene Leute, die bis zur Frage nach der Gerechtigkeit vorgedrungen sind, haben herausgefunden, daß man tagelang zusammenarbeiten kann ohne zu wissen, welche Konfession der andere hat. Ich

rede ganz bewußt von Gerechtigkeit und nicht von Wohltätigkeit! Es gibt eine klare Trennungslinie zwischen Gerechtigkeit und Wohltätigkeit. Ich denke, daß wir uns lange Zeit unbewußt hinter der Wohltätigkeitsfrage versteckt haben. Wenn man einmal die Grenze zum Gerechtigkeitsstandpunkt überschritten hat, finden wir heraus, daß wir unsere Konfessionen, unsere Traditionen alle mit ganz anderen Augen beurteilen. Da ist eine erstaunliche Übereinstimmung.

(Eine Ordensschwester:) Mir scheint, das Leben in manchen älteren Orden und Gemeinschaften ist zur Zeit ziemlich erstarrt. Ich möchte fragen, was wir da von den neuen Gemeinschaften lernen könnten und müßten?

Ein Grund für Hoffnung liegt schon darin, daß viele Menschen, die in älteren Gemeinschaften leben, so frei sind wie Sie und solche Fragen stellen. Ich finde die gleiche Demut und Offenheit für solche Fragen bei vielen amerikanischen Schwestern. In unserem Land spielen die Ordensschwestern sogar die führende Rolle. Zu meiner Kinderzeit haben wir uns die Schwestern immer als harmlos und fromm vorgestellt. Und jetzt ist eigentlich niemand stärker als die Schwestern, weil sie nämlich die einzigen sind, die wirklich Gemeinschaft gelebt und sich dabei gegenseitig erzogen haben. Ihre Missionarinnen kamen zurück und öffneten ihnen die Augen für die Armen. Natürlich waren sie innerhalb der Kirche im Verhältnis zum Klerus selbst in der Position der Unterdrückten. Sie hatten und haben also einen Vorteil gegenüber den Priestern, die gezwungen sind, immer wieder das System aufrechtzuerhalten. Die Schwestern entwickeln zum Teil sehr kreative Formen von Gemeinschaft und sind, wenn es sein muß, sogar bereit, ihren kanonischen Status aufzugeben. Dabei merken erstaunlich viele, daß ihre Gemeinschaften ursprünglich keinerlei kanonischen Status hatten, also kirchlich nicht anerkannt waren – und daß es oft gar nicht Absicht der Gründerinnen war, diesen Status zu erlangen. Sie sind damit zufrieden, Laien zu sein, die in Gemeinschaft leben. Diese Gemeinschaften schließen immer öfter auch verheiratete Paare ein und Alleinstehende, die kein Gelübde des Zölibats abgelegt haben. Das läßt sich vielleicht mit dem vergleichen, was ursprünglich die „Dritten Orden" waren.

Ich glaube, man muß einfach der eigenen Erfahrung und dem eigenen Herzen trauen und Risiken eingehen. Ich denke, es wird immer eine Form des zölibatären Lebens in der Kirche geben. Das hat historisch gesehen zu viele Früchte getragen; aber es ist offenbar nicht die einzige Möglichkeit des Gemeinschaftslebens. Bei uns bin ich der einzige, der das Gelübde des Zölibats abgelegt hat; alle anderen sind verheiratet oder Alleinstehende, die kein Gelübde abgelegt haben. Es ist eine Laienbewegung; ich wiederhole: Wir legen auf Gemeinschaft im formalen Sinn und als Selbstzweck keinen besonderen Wert.

Was ist der Unterschied zwischen gesunder Therapie und Inkarnation?

Du hast wahrscheinlich schon intuitiv die richtige Antwort erfaßt, sonst hättest du die Frage nicht so gestellt. Die Probleme des Geistes können nicht vom Gehirn gelöst werden. Wir müssen uns in Richtung einer mehr körperbezogenen Therapie bewegen und dabei der rechten Gehirnhälfte mehr Gewicht geben, oder anders ausgedrückt: wir müssen handlungsbezogenere Formen der Therapie finden. Wir haben unser Zentrum ganz bewußt Zentrum für „Aktion und Kontemplation" getauft, und dabei die Aktion bewußt an den Anfang gestellt. Wir lernen und werden geheilt, *indem* wir uns engagieren. Doch das ist ein Glaubensakt, das kann man niemandem beweisen. Selbstbezogene Menschen möchten das nicht glauben. Sie wollen immerfort in der eigenen Seele herumwühlen. Es ist sehr schwer, Leute über diese Grenzlinie zu kriegen. Ich erinnere mich an die erste Zeit von New Jerusalem: Da gab es viele Leute, die stark von der charismatischen Bewegung beeinflußt waren. Sie waren davon besessen, geheilt zu werden, und sie haben sich ständig geweigert, für andere da zu sein, weil sie ja erst einmal selber heil werden mußten. Wenn sie eines Tages geheilt sein würden, dann würden sie anderen helfen! Ohne Übertreibung: Diese Leute sind bis heute immer noch nicht geheilt und warten immer noch darauf, geheilt zu werden. Ihr Narzißmus hält sie davon ab, jemals geheilt zu werden. Wir haben in den letzten 15 Jahren sehr oft Spiritualität durch Therapie ersetzt. Deswegen betone ich das kontemplative Gebet. Wir müssen die Grenzen der therapeutischen Gesellschaft sehen, ohne die positive Gabe der therapeutischen Gesellschaft zu leugnen. Gute Psychologie enthält nichts, wovor man Angst haben müßte.

Du hast gesagt, es geht darum, die Rituale zu bekämpfen. Wo ist die Rolle des Priesters beim Gebet? Ist es wichtig, daß er da ist?

Ich habe genauer gesagt, wir müssen uns vor allzu vielen Ritualen hüten. Ich hoffe, wir leben in einer Welt, in der es ein Sowohl-als-Auch gibt. Das heißt, wenn wir ein Ungleichgewicht korrigieren wollen, müssen wir nicht gleich ins andere Extrem fallen. Die meisten Leute bei uns im Zentrum sagen, die monatliche Eucharistiefeier ist nach wie vor unsere stärkste Zusammenkunft. Die übrigen Sonntage gehen sie unter Umständen in die eigenen Kirchengemeinden; unsere tägliche Versammlung im Zentrum ist das kontemplative Gebet. Eucharistiefeier halten wir im Zentrum nur einmal im Monat. Ich denke, diese Gottesdienste sind sehr schön, weil da viele verschiedene Gaben und Dienste zum Zuge kommen. Wir verleugnen dabei auch die Rolle des Priesters nicht, aber wir glorifizieren sie auch nicht.

Wir brauchen keine Pyramiden, wir brauchen Kreise. Pyramiden schaffen keine Gemeinschaft. Das gilt auch für den Priester; auch er braucht einen Ort, wo er ein Bruder sein kann wie alle anderen. Nach 14jähriger Praxis als Exerzitienmeister für Priester weiß ich, daß es viel zu viele kaputte Priester gibt, die Opfer der Pyramide sind. Ich sage das also nicht gegen die Priester, zumal Jesus sagt, daß das Opfer ganz hoch oben steht. Die Priesterschaft braucht vielmehr um der eigenen Gesundung willen Befreiung, sie müssen wieder in die christliche Gemeinschaft eingeladen werden.

1987 habe ich New Jerusalem besucht, nachdem Du weg warst. Die Leute kamen mir da eher etwas orientierungslos vor. Wo steht diese Gemeinschaft jetzt? Du hast über solche Gemeinschaften sehr pessimistisch gesprochen – welche Zukunft siehst Du für solche Gemeinschaften?

Als Gründer hat man eine wundervolle, aber auch schreckliche Gabe: Du bist fähig, eine Gemeinschaft fast trotz deiner selbst zusammenzuhalten. Aber wahrscheinlich hätte ich früher gehen sollen; denn dadurch, daß ich 14 Jahre geblieben bin, habe ich die Notwendigkeit hinausgezögert, aus der Gruppe heraus eine eigene Laien-Führung zu bilden. Nachdem ich weg war, sind sie durch drei schmerzvolle Jahre gegangen. Die Leute mußten sich entscheiden: Was wollen wir wirklich? Und nicht nur: Was will Richard? Im letzten November haben sie glücklicherweise drei sehr gute Laien-Pastoren gewählt. Im vergangenen Jahr haben sie ein paar sehr prophetische Aktionen zustande gebracht: Das erste Haus der Gemeinschaft, in dem ich seinerzeit gewohnt habe, nachdem wir in den Stadtteil gezogen sind, wurde Flüchtlingen aus Mittelamerika zur Verfügung gestellt. Ich glaube also, sie finden wieder ihren Weg und ihre Richtung. Aber dunkle Zeiten gehören zu den besten Lehrmeistern.

Schluß mit der Kirche

Vortrag in St. Matthäus, Basel, 8. März 1990

Was ich zu diesem Thema sagen werde, sage ich im Kontext dessen, wer und was ich bin: Ich bin ein Mann der Kirche; ich bin Franziskaner; ich bin Priester und ich werde als solcher sterben, wenn sie mich nicht vorher hinauswerfen. Meine Worte werden also gleichsam „aus der Familie" kommen und nicht von außerhalb.

Ich möchte beginnen über die Kirche mit dem größten Bild zu sprechen, das überhaupt möglich ist: Ich möchte mit der Schöpfung beginnen; denn die primäre Offenbarung Gottes ist die Schöpfung, wie Paulus im Römerbrief sagt: *„Alles, was man von Gott wissen kann, ist uns von Gott offenbart worden"* (Römer 1,19). Auch wenn wir Gott nicht sehen können, so können wir Gott doch in dem entdecken, was Gott geschaffen hat; das meinen wir mit einer „Theologie der Schöpfung": Wir steigen nicht mit den später hinzugekommenen Problemen ein, sondern mit dem, was Gott geschaffen hat. Im letzten Vers des ersten Kapitels der Bibel heißt es: *„Gott sah alles, was Gott gemacht hatte und siehe, es war sehr gut"* (Genesis/1. Mose 1,31). Das ist das einzige Mal in der ganzen Bibel, wo etwas „sehr gut" genannt wird. Aber wir haben uns so sehr mit dem späteren Problem der Erlösung beschäftigt, daß wir vergessen haben, was Gott ganz am Anfang gesagt hat[1]. Wir sind so gefangen in unserem eigenen winzigen Augenblick, daß wir das große Bild vergessen. Und ich nehme an, Gott versteht das.

In Amerika lief kürzlich eine Fernsehsendung mit dem Titel „Leben auf der Erde", wo die gesamte Schöpfung auf eine Jahresskala projiziert wurde. Die Skala beginnt im Januar; um den April herum traten die Reptilien und Echsen auf. Im September kommt die Schöpfung der Säugetiere. Ich erinnere mich nicht an alle

---

[1] Dieser Gedanke einer schöpfungsorientierten Spiritualität wird entfaltet bei Matthew Fox, Der Große Segen, Umarmt von der Schöpfung, Claudius Verlag München, 1991.

Zwischenstufen, aber ich weiß, daß wir sehr spät kamen. *Homo sapiens*, der „weise Mensch", wie wir uns selbst gerne zu nennen pflegen, taucht in den letzten drei Minuten des 31. Dezembers auf. Das bedeutet, daß sich die gesamte jüdisch-christliche Tradition in den letzten Millisekunden des 31. Dezembers abspielt.

Ich kann nicht glauben, daß Gott in der letzten Millisekunde erstmals geredet hat. Der heilige Franziskus nannte die Schöpfung „den Fingerabdruck Gottes". Wir haben vergessen, diese Fingerabdrücke zu lesen, weil wir so sehr mit unseren theologischen Theorien beschäftigt sind.

Jesus beruft uns als Kirche dazu, eine neue Gemeinschaft von Menschen zu sein; er nennt uns eine kleine Herde. Ich glaube nicht, daß er jemals wollte, daß wir das Ganze sind. Er sagte, wir sollten die Hefe sein, der Sauerteig, nicht der ganze Laib. Er sagte, wir sollten das Salz sein, aber wir wollen die ganze Mahlzeit sein. Er sagte uns, wir könnten das Licht sein, das die Bergspitze erleuchtet, doch wir wollen der ganze Berg sein. Die Bilder, die Jesus verwendet, sind sehr bescheiden und doch sehr stark. Unsere Ziele sind sehr unbescheiden und ganz und gar nicht stark. Es ist schwer für uns, vor allem im Kontext der europäischen Erfahrung, der Versuchung zu widerstehen, auf „Christentum" zu machen. Der europäische Kontinent hatte das Ziel, „Christentum" zu sein; und daher ist es jetzt sehr schwer, nur Sauerteig und Salz und Licht zu sein. Wir wissen kaum, wie wir das machen sollen. Wir wollen führen; wir wollen den Weg der Macht; aber die einzigen Regeln, die uns Jesus gegeben hat, waren die Regeln der Machtlosigkeit. Wir haben aus seiner Ankündigung einer neuen Wirklichkeit, die Jesus das Reich Gottes nannte, die Kirche gemacht. Als Jesus diese neue Wirklichkeit beschrieb, die er das Reich Gottes nannte, hat er offenkundig *nicht* über die Kirche geredet. Und so sollte auch die Kirche, wie Jesus selbst es tat, über sich selbst hinausweisen auf das Reich Gottes. Aber die Kirche ist – genauso wie das Volk Israel – immer wieder versucht gewesen, sich selbst zu vergötzen. Aber wenn sie sich selber anbetet, kann sie den Einen nicht anbeten, der allein es verdient, angebetet zu werden. Die Verkündigung des Reiches Gottes besagt, daß nur *eines* absolut ist – und alles andere relativ. Alles andere ist ein Mittel, um auf das Ziel zu weisen. Das schließt die Kirche ein, den Papst, die Bibel, die Sakramente und auch alle Übungen des geistlichen Lebens. Nichts von alledem ist Selbstzweck. Wie die Zen-Meister sagen: Das sind Finger, die auf den Mond zeigen. Aber wir verwenden die meiste Zeit darauf, darüber zu streiten, wer die besten Finger hat und wer die wahren Finger hat, anstatt auf den Mond zu weisen. Das ist ganz klar eine Übertretung des ersten Gebotes, nämlich Götzendienst.

Das erste Götzenbild wurde vom ersten Priester, Aaron, geschaffen. Sobald Moses vom Berg herunterkommt, glühend von der Erfahrung des Mysteriums, produziert sein Bruder Aaron schnell Religion, indem er das Goldene Kalb schafft. Da kann man über Gott verfügen, da hat man Gott im Griff, da sind wir selbst am Ruder. Die Versuchung der Religion besteht immer darin, den Spieß umzudrehen, so daß wir wieder selbst Herr der Lage sind. Der erste Fehler besteht also darin, das Reich Gottes mit der Kirche zu verwechseln. Wir Katholiken waren diesbezüglich besonders schlimm. Der zweite und häufigere Fehler besteht darin, das Reich Gottes mit dem Himmel zu verwechseln, als ob wir ins Reich Gottes gingen, wenn wir gestorben sind. Aber das Gebet Jesu sagt ganz klar: Das Reich Gottes ist hier, *„Dein Reich komme!"* Aber es ist nicht so hier, daß wir es in den Griff kriegen könnten. *„Glaubt denen nicht, die sagen: Hier ist es oder da!"* (Matth. 24,23). Es wird nie mit irgendeiner Institution oder Realität so verbunden sein, daß wir wieder die Kontrolle haben. Das Reich Gott ist überall da, wo Gottes Wahrheit hindurchbricht in unsere Welt. Und manchmal klebt kein Schild vorne drauf, auf dem „christlich" steht, so wie Jesus gesagt hat: *„Viele sagen: Herr, Herr! tun aber nicht den Willen meines Vaters"* (Matth. 7,21). Der heilige Augustinus hat 400 Jahre später gesagt: „Viele gehören zur Kirche, die nicht zu Gott gehören. Und viele gehören zu Gott, die nicht zur Kirche gehören." Das ist keine neue Theologie, sondern beschreibt, was passiert, wenn wir Gott vereinnahmen wollen oder wenn wir versuchen, die Frage bis zur Ewigkeit zu vertagen. Die Herausforderung lautet, das zu tun, was Jesus getan hat, nämlich das Wirkliche aufzunehmen, die Wirklichkeit willkommen zu heißen in dieser vergehenden Welt. Und immer, wenn Sie das tun, zahlen Sie dafür einen Preis, weil Sie dann normalerweise Ihre „kleinen Reiche" loslassen müssen: die Reiche der Macht, die kleinen Machtspiele, die Sie spielen, die Reiche von Status und Prestige und die Reiche der Besitztümer.

Die härtesten Worte Jesus richten sich an Heuchler und die zweithärtesten an Leute, die in erster Linie mit Besitztümern beschäftigt sind. Er sagt, diese drei Dinge sind es: Macht, Prestige und Besitz, die uns davon abhalten, das Reich Gottes zu erkennen und aufzunehmen. Als er das zu guten, aufrechten Leuten sagt, ist ihre Reaktion Empörung und Anstoß. Sie nennen ihn einen Ungläubigen, einen Feind des Gesetzes und schließlich einen Teufel – weil sie zu viel haben, was sie verteidigen müssen. Die einzigen, die die Verkündigung des Reiches annehmen können, sind diejenigen, die nichts zu beschützen haben, weder das eigene Selbstbild, noch ihren Ruf, ihre Besitztümer, ihre Theologie, ihre Grundsätze oder ihre Rechtschaffenheit. Und diese werden „die Armen" genannt, auf hebräisch die *anawim*. Maria faßt im Magnifikat die Spiritualität dieser *anawim* zusammen.

Wenn wir schon in dieser Welt in der Wirklichkeit des Reiches Gottes leben, dann wird die alte Welt hinfällig, dann macht sie keinen Sinn mehr. Man kann sein Leben nicht auf eine Lüge gründen, man kann sein Leben nicht auf Unterdrückung gründen, man kann sein Leben nicht auf Bilder gründen. Aber Sie wissen, Sie müssen es auf die Wahrheit gründen: auf die Wahrheit, wer Sie sind; auf die Wahrheit dieser Schöpfung, von der Gott sagt, sie ist „sehr gut".

Unser Problem besteht darin, daß wir uns so bewußt sind, daß wir *nicht* sehr gut sind. Und man braucht sehr viel Vertrauen, um der Schöpfungsaussage Gottes zu glauben, daß alles, was Gott geschaffen hat, sehr gut ist. Wir scheinen zu glauben, daß nur vollkommene Dinge liebenswert sind – das ist unser Problem. Doch die Evangelien sagen sehr deutlich, daß Gott unvollkommene Dinge liebt. Und doch sind es nur die Unvollkommenen und die Gebrochenen, die das glauben können. So geschieht es, daß er ein Fest schmeißt – und die „guten" Leute kommen nicht. Deshalb sagt er, man soll die Krüppel, die Lahmen und die Blinden einladen – und die würden bereit sein.

Dieses Muster hat sich nie verändert. Diejenigen, die nichts beweisen und nichts beschützen müssen, können glauben, daß sie geliebt werden, so wie sie sind. Aber wir, die wir unser Leben darauf verwendet haben, die spirituelle Leiter oder irgendeine andere Leiter zu erklimmen, können die Wahrheit nicht hören. Denn die Wahrheit ist nicht oben an der Spitze, sondern unten am

Boden. Und wir verpassen Christus, der durch die Inkarnation herunterkommt, während wir versuchen, die Leiter hochzusteigen. Ich bin davon überzeugt, daß viele der Schuldgefühle, von denen die Mittelklasse besessen ist, ein Großteil von dem verbreiteten „Mangel an Selbstwertgefühl", wie wir es nennen, ein Großteil von dem Selbsthaß und vom Kreisen um sich selbst daher rührt, daß wir in einer Welt leben und uns in ihr häuslich eingerichtet haben, von der Jesus gesagt hat, wir sollten dort nie zu Hause sein. Wenn Sie Ihr Leben auf eine Lüge gründen, werden Sie sich natürlich selber hassen. Die Ankündigung des Reiches Gottes ist die radikalste politische und theologische Aussage, die überhaupt möglich ist. Es hat nichts damit zu tun, vollkommen zu sein; es hat damit zu tun, daß wir unser Leben auf das gründen, was Gott wahr nennt. Und das bedeutet für uns *alle*, daß wir unser Leben ändern müssen. Das heißt nicht nur, anders zu denken oder eine bestimmte Art von kirchlichem Gottesdienst zu besuchen oder mit einer neuartigen Erlösungstheologie zu leben. Wir denken uns nicht in ein neues Leben hinein, sondern wir leben uns in ein neues Denken hinein. Das Evangelium ist zuallererst ein Anruf, anders zu leben, so daß das Leben mit anderen geteilt werden kann.

Ich glaube, die Religion der Mittelklasse stand immer in der Versuchung, die Schrift in erster Linie dazu zu benutzen, uns Trost zu spenden. Aber das Wort Gottes muß uns – wie ein Spiegel – zunächst konfrontieren, und dann muß es uns dazu herausfordern, in einer neuen Weise zu leben, ein Leben echter Geschwisterlichkeit zu führen – ökonomisch, politisch, sozial und spirituell. Erst nachdem uns das Wort Gottes konfrontiert und herausgefordert hat, haben wir das Recht, uns auch den Trost vom Wort Gottes zu holen. Wir aber haben aus der Bibel Trost bezogen, bevor wir unser Leben verändert haben. Und das ist ein falscher Trost. Die christlichen Nationen gehören zu den habsüchtigsten und sind diejenigen, die von allen auf der Welt am meisten auf Sicherheit aus sind, während sie behaupten, Jesus sei ihr Herr und ihre Sicherheit.

Ich habe Gelegenheit, in vielen Teilen der Welt zu predigen. Die Nichtchristen sagen mir immer: „Warum sollten wir an euren Christus glauben? Ihr Christen habt die meisten Kriege geführt, ihr verbraucht die meisten Ressourcen der Welt und ihr habt den

Planeten vergewaltigt. Und dann sagt ihr, ihr liebt euren armen Jesus. Ihr haßt Jesus und sagt, daß ihr ihn liebt, um euch selber an der Nase herumzuführen." Und ich kann dem nichts entgegnen, weil ich weiß, daß es für mich selber zutrifft. Das Christentum und die Kirche besitzen in großen Teilen dieses Planeten immer weniger Glaubwürdigkeit. Wenn wir ehrlich sind, müssen wir zugeben, daß wir daraus Erlösungstheorien und Hirntrips gemacht haben. Das Evangelium ist bei uns nie wirklich auf der Erde gelandet, es hat nie die soziopolitische und ökonomische Ordnung berührt, das Reich Gottes ist nie gekommen. Falsche Religion tritt auf den Plan, wenn wir zwar fromm sagen: „Dein Reich komme!", aber nicht zugleich sagen: „Mein Reich gehe!" Und wir Christen haben geglaubt, wir könnten beides haben: Wir könnten sagen: „Jesus ist Herr", aber immer noch selbst die Herren bleiben hier in der Schweiz.

Wir könnten sagen: „Jesus ist Herr!" und trotzdem wie die Amerikaner glauben, daß sie die großartigste Nation der Welt sind. So ein Evangelium ist unglaubwürdig, und so eine Kirche ist unglaubwürdig.

Ich bin überzeugt, wir waren deshalb so sehr damit beschäftigt, den Boten anzubeten, damit wir die Botschaft überhören konnten. Der größte Teil der Bergpredigt ist nie ernst genommen worden – weder von den Katholiken noch von den Protestanten. Wir müssen alle reformiert werden. Aber wie ich gestern abend schon sagte: Ich glaube, wir sind kleine Leute, Gott ist zu groß für uns, und wir sind vielleicht in unserer Bereitschaft, das Evangelium zu hören, pro Jahrhundert um ein Jahr gewachsen. Das heißt, wir sind jetzt ungefähr dabei, zwanzig zu werden. Wir sind gerade dabei, erwachsen zu werden und das Evangelium ehrlich zu uns reden zu lassen: über das, was Jesus eindeutig über die Armut sagt und darüber, in dieser Welt ein einfaches Leben zu führen, ein Leben, das auf Gott vertraut und nicht auf die eigene Macht und auf Waffen. Und doch verbrauchen wir jetzt 60 Prozent unserer Ressourcen darauf, uns zu „schützen", obwohl uns Gott nie Sicherheit in dieser Welt versprochen hat. Er hat uns nur Wahrheit und Frieden im Herzen versprochen. Aber wir wollten das Reich Gottes nicht, wir wollten das Reich dieser Welt. Wir wollten nicht die „Pax Christi", wir wollten die „Pax Romana", wir wollten Christentum.

Was heißt das alles für uns? Es bedeutet, wir sind unterwegs. Es bringt nichts, uns selber zu hassen. Wir stehen auf den Schultern unserer Vorfahren und tragen die Last ihrer Sünden und den Ruhm ihrer Heiligkeit. Und sie sind ein Bild dessen, was wir sind, und wir sind ein Bild dessen, was sie sind. Und wenn Sie sich auf die innere Reise des Gebets machen, dann werden Sie entdecken, daß Sie genauso sind: Sie werden vieles in sich finden, vor dem Sie Angst haben und das Sie nicht mögen – wenn Sie wirklich ehrlich sind. Aber wenn Sie unterwegs bleiben, werden Sie auch einen Teil von sich selber finden, von dem Sie wissen, er ist sehr gut, sie werden herausfinden, *wer wir sind in Gott*. Das verdienen Sie nicht, es ist das, was Sie *sind*. Aus diesem Netz können Sie nicht herausfallen.

Um das Reich Gottes zu verkünden, liebe Geschwister, müssen wir mit unserer Abhängigkeit von der Lüge brechen. Menschen, die gelitten haben, Menschen, die entstellt sind, und Menschen, die unterdrückt sind, haben uns etwas voraus. Diejenigen von uns, die gut, gesund und stark sind, kommen nur schwer aus den Startlöchern.

Wenn Sie leiden und mit Grenzen konfrontiert sind, wissen Sie, daß die Wirklichkeit nicht vollkommen ist. Sie wissen das von unten, vom Bauch her und nicht nur vom Kopf her.

Vor ein paar Jahren habe ich in Amerika folgendes gehört: William Casey, der Chef des CIA, war gerade gestorben. Er war ein guter, irischstämmiger Katholik. Und seine gute, irischstämmige katholische Ehefrau war am Abend im Fernsehen. Die Zeitungen hatten damals bereits begonnen, einen Großteil der Korruption des CIA aufzudecken – wie wir meinen, das Recht zu haben, Führungsfiguren der Welt umzulegen, wenn es dem Interesse unserer nationalen Sicherheit dient. Und Frau Casey sagte, daß jeder, der ihren lieben Ehemann in Frage stelle, Blasphemie beginge. Als gute irische Katholikin hätte sie eigentlich die Definition von Blasphemie kennen müssen. Blasphemie bedeutet nicht eine Beleidigung des CIA, sondern eine Beleidigung Gottes. Aber wenn ein Land sich selber zu Gott macht – und ihr seid da genauso schlimm wie wir –, dann können wir das Evangelium nicht hören. Dann benutzen wir Christus dazu, unseren eigenen Nationalstaat zu stützen. Dann verwenden wir die Kirche dazu, den Nationalstaat und die Illusionen des Staates zu segnen.

Sie sehen, wie gefährlich es ist, an das Evangelium zu glauben – und warum Jesus gesagt hat: *„Die Welt wird euch hassen"* (Joh. 15,19). Ich muß fragen – und wir alle müssen fragen: „Haßt uns die Welt?" Es gibt nichts zu hassen, denn meistenteils spielen wir dasselbe Spiel wie alle anderen. Wir haben unser Leben nicht auf eine neue Realität gebaut, wir haben es auf dieselbe Realität gebaut wie alle anderen auch: Macht, Ansehen und Besitz.

Wir können uns nicht vornehmen, uns zu bekehren – wir *werden* bekehrt. Wir werden bekehrt trotz unserer selbst. Wir können nur darum bitten, mit offenen Händen leben zu können, geübt und vorbereitet zu werden, loszulassen, daß das Evangelium uns lehren kann, wie wir arm sein können in dieser Welt – mit nichts, was wir beweisen oder beschützen müssen. Jesus sagt: „Ich bin gekommen, um das Evangelium folgenden Leuten zu predigen, weil sie die einzigen sind, die es hören können." Er sagt: „Es wird eine gute Nachricht für die Armen sein, aber keine gute Nachricht für diejenigen, die viel verteidigen müssen" (vgl. Luk. 4,18).

In großen Teilen der universalen Kirche geschieht etwas Wunderbares: Viele Leute kommen, um die Verkündigung des Reiches Gottes zu hören und sich den Fragen der Gerechtigkeit zu verpflichten, und dabei merken wir, daß die historischen Fragen der Konfessionen nicht die wichtigen Fragen sind. Die Fragen der Reformation waren meist Fragen von weißen, männlichen, gebildeten Klerikern – und es waren Fragen der Macht und der Rechtfertigung. Wer hat die Wahrheit und wer ist im Recht? Darüber streiten Halbwüchsige. Aber jetzt sind wir zwanzig Jahre alt und jetzt sind wir bereit, die substantielleren Fragen des Evangeliums zu hören, die Fragen von Gemeinschaft, die Fragen der Politik, die Fragen der Gewaltlosigkeit, die Fragen nach der Feindesliebe, die Frage, wie man in dieser Welt ein armes und einfaches Leben führen kann – worüber sich Jesus ganz eindeutig äußert. Er äußert sich sehr viel weniger eindeutig über Fragen der Sakramente und des Priestertums. Und doch haben wir niemals Leute als Ketzer verbrannt, weil sie sich nicht um die Geringsten ihrer Brüder und Schwestern gekümmert haben, obwohl doch Matthäus 25 steht, das sei das einzige, wonach wir gerichtet werden. Ich dachte lange Zeit, ich werde danach beurteilt, zu wie vielen Gottesdiensten ich gegangen bin. Und bis vor einigen Jahren hatte ich immer eine tadellose Sonntagsbilanz. Und ich habe gedacht, ich werde danach gerichtet, wie vollkommen ich bin und wie ich die Zehn Gebote einhalte. Ich war richtig enttäuscht, als ich Matthäus 25 entdeckte, weil es Gott da nicht einmal zur Sprache bringt. Und ich hatte doch eine makellose Liste, die ich ihm hätte zeigen können. Er sagte: „Hast du Christus *im Letzten* deiner Brüder und Schwestern erkannt?" Das ist übrigens das einzige Mal in der Schrift, daß dieselbe Sache viermal hintereinander genannt wird, damit wir diesen Punkt nur ja nicht verfehlen – und wir haben das trotzdem geschafft. Wir kommen zurück und fragen: „Wann haben wir dich denn hungrig und durstig gesehen?" Offensichtlich scheinen wir nicht einmal wissen zu müssen, daß wir es für Jesus tun. Wir müssen nur die Wirklichkeit tun. Gott hat in der Schöpfung selber offenbart, was Gott ist. Und wenn wir dieser Schöpfung in ihrer Gebrochenheit und in ihrer Armut begegnen, begegnen wir „Christus in seiner bedrückendsten Verkleidung", wie Mutter Teresa sagt.

Lassen Sie mich mit einer praktischen Ermutigung schließen: Viele von uns machen zuerst die Reise nach außen und entdecken außerhalb von uns eine Wirklichkeit, die gebrochen oder arm oder elend ist – und dabei lernen wir Erbarmen. Viele von uns fangen innen an, aber auf jeden Fall müssen Sie *den ganzen Weg* gehen. Wenn Sie den ganzen Weg nach innen gehen, werden Sie auch dort ebenfalls etwas entdecken, was gebrochen und arm und auf Erbarmen angewiesen ist. In der franziskanischen Sprache nennen wir das „den Aussätzigen in uns". Franziskus konnte es nicht ertragen, Aussätzige zu sehen; aber er sagt in seinem Testament, sobald er den ersten Aussätzigen umarmt hatte, wurde das, was vorher hassenswert für ihn war, „Süßigkeit und Leben". Viele von uns müssen zuerst lernen, den Aussätzigen in uns zu umarmen, bevor wir den Aussätzigen draußen umarmen können. Letztlich ist es derselbe Akt des Erbarmens. Und das ist kein Erbarmen, das wir produzieren, sondern ein Erbarmen, das uns geschenkt wird.

Viele von uns wurden in einer totalitären Spiritualität erzogen, nicht in einer Spiritualität des Erbarmens: „Töte den Feind, greif den Feind an!" – und so haben wir uns selber angegriffen und getötet. Aber indem wir eine neue Spiritualität des gewaltlosen Erbarmens mit unserer eigenen Seele erlernen, werden wir das gleiche Geschenk für die Welt haben. Wie ich wohl gestern er-

Armer Bauer aus Nicaragua

Wenn wir dieser Schöpfung in ihrer Gebrochenheit und in ihrer Armut begegnen, begegnen wir Christus in seiner „bedrückendsten Verkleidung".

wähnte, entdecken dies viele Gruppen außerhalb der Kirche besser als die Kirche selber. Und das ist vielleicht der Grund, weswegen die Kirchen so schwach geworden sind. Wir sind mit Macht beschäftigt, mit geistlicher Macht, und viele der „Kleinen" dieser Welt haben die Machtlosigkeit entdeckt. Ich habe vor allem das Programm der Anonymen Alkoholiker und die Zwölf-Stufen-Programme erwähnt. Ich glaube, diese Gruppen sind in vielfacher Hinsicht ein Modell dafür, was das Geheimnis der Kirche sein könnte. Und der ausschlaggebende erste Punkt ist die radikale Erfahrung der eigenen Machtlosigkeit, der dich in einen Kreis von Menschen treibt, die die gleiche Erfahrung von Machtlosigkeit teilen. Und ich glaube, das ist das grundlegende Geheimnis der Kirche: zwei oder drei versammeln sich in seinem Namen und womöglich, ohne seinen Namen überhaupt auszusprechen – weil sein Name gebrochenes, blutendes Fleisch ist. Und wenn wir uns in diese Erfahrung hineinbegeben, begeben wir uns in das Fleisch Christi hinein. Mit anderen Worten: Christus erlöst uns alle trotz unserer selbst. Keine Tradition und keine Kirche wird vor Gott triumphieren. Wir alle stehen da und brauchen ewiges Erbarmen.

Fragen und Antworten

Können Sie noch etwas über Gemeinschaften sagen? Der Begriff ist im Deutschen sehr umfassend.

Ich habe den Nachmittag mit einigen Leuten aus Gemeinschaften verbracht, und wir stimmten darin überein, daß das Wort Gemeinschaft ein sehr weiter Begriff ist. Ich meine damit in erster Linie, so zu leben, daß andere an mich herankommen und mein Leben beeinflussen können, und daß ich fähig bin, aus mir herauszugehen und ihrem Leben zu dienen. Es geht um eine Welt, in der Geschwisterlichkeit möglich ist. Ich meine damit nicht in erster Linie eine besondere Art von Struktur, sondern ein Netzwerk von Beziehungen. Im großen und ganzen leben wir in einer Gesellschaft, die nicht auf Gemeinschaft und Zusammenarbeit aufgebaut ist, sondern auf Konkurrenzkampf.

Wäre es nicht schön, wie die ersten Christen in einer Hauskirche zusammenzukommen, besonders bei Menschen, die in sich selber zu Hause sind, ihren Schatten und ihre guten Seiten kennen? Kennst Du einige von diesen Hauskirchen in den USA oder in Europa?

Im Neuen Testament sehen wir genau das, was Sie Hauskirche nennen – und das waren nie mehr als vierzig Leute. Ich bin sehr stark von dem beeinflußt, was in Lateinamerika geschieht und von der Wechselbeziehung zwischen den Basisgemeinden und der institutionalisierten Kirche. Wenn Sie nur die institutionalisierte Kirche haben, wird alles sehr schnell formalistisch, gesetzlich und wirklichkeitsfremd. Aber wenn Sie nur die Basisgemeinde haben, dann haben Sie oft das, was wir „ein Strohfeuer" nennen. Diese Gemeinden sind normalerweise für eine kurze Zeit sehr erfolgreich. Aber die Geschichte hat uns gezeigt, wie solche Gemeinden in kurzer Zeit eng und sektiererisch werden. Ich bin überzeugt, daß wir am besten wachsen, wenn wir in einer schöpferischen Spannung zwischen den beiden leben und keine von beiden Kirchentypen vergötzen. Das Problem ist, daß wir seit vierhundert Jahren nichts anderes haben als die institutionalisierte Kirche. Und wir hatten nicht die Erlaubnis, viel mit Basisgemeinde zu experimentieren. Also müssen wir es jetzt tun, auch wenn wir dabei zweifellos einige Fehler machen werden. Allein in Brasilien gibt es etwa achtzig- bis hunderttausend Basisgemeinden. Das wäre nie passiert, wenn es eine Menge Priester gegeben hätte. Gott hatte eine bessere Idee. Und das heißt wiederum nicht, daß die institutionalisierte Kirche falsch ist, aber etwas anderes muß sie ins Gleichgewicht bringen und sie ehrlich halten. Ich bin sicher, die meisten von Ihnen kommen aus reformierten Kirchen, die anfangs feurig waren. Aber schließlich rekapituliert jede Gemeinschaft den ganzen Weg der Bekehrung. Mein Rat für die meisten Leute ist deshalb, dort zu blühen, wo sie gepflanzt sind und sich mit der Wirklichkeit in kleinen Gruppen zu befassen, aber irgendwie doch in Verbindung mit der Institution zu bleiben. Die Institution ist der Punkt, an dem die Geschichte jetzt 1990 ist. Und wir müssen im Dialog mit der Geschichte bleiben, weil die Institution noch da sein wird, wenn unsere kleinen Gruppen längst vergangen sein werden. Das hat im Grunde etwas mit Respekt und Liebe für unsere Vorfahren zu tun, wie seltsam das auch klingen mag. Ich muß das Amerikanern immer wieder sagen, weil sie glauben, daß wir der Anfang der Geschichte sind.

Bei den Hauskreisen besteht oft die Gefahr, daß wir sehr stark auf uns selber konzentriert bleiben. Ich finde es toll, wenn man sich in solch einem Kreis der Realität stellt und die Balance findet zwischen der eigenen Seelenschau und dem ganz klaren Kontakt zur Welt.

Als ich heute nachmittag zu mehreren Gemeinschaften gesprochen habe, habe ich von der Gefahr gesprochen, eine rein therapeutische Gemeinschaft zu werden, die sich um das eigene Ego dreht. *Der Akt unseres Glaubens besteht darin, daß wir das weggeben und verschenken, was wir noch gar nicht haben* – deswegen ist es Glauben. Das ist für uns so schwer zu verstehen: Wie kann ich etwas weggeben, was ich gar nicht habe? Aber dennoch gehe ich hinaus und heile andere, auch wenn ich selber noch nicht geheilt bin. Ich heile durch meine Gebrochenheit, nicht durch meine Macht! Jede Kirchengemeinde, die nicht einen nach außen gerichteten Dienst für andere einschließt, der über sie selbst hinausreicht, ist einfach keine Kirche, ist nicht Christus, das ist Psychologie oder so etwas. Das heißt nicht, daß Psychologie etwas Schlechtes ist; es ist nur nicht das gleiche.

Ich habe doch ein bißchen einen Schreck bekommen: die Institution als Ausbalancierer! Wenn Du schon vom Modell der Anonymen Alkoholiker sprichst, zu denen ich auch gehöre: Die sind ja gerade nicht institutionell verbunden und sind trotzdem mit dem Weltganzen, dem Leben in Verbindung – über ihre Gruppen hinaus. Könnte das nicht auch ein Modell sein? Der wichtigste Faktor ist doch, mit dem Weltganzen in Kontakt zu sein und nicht nur um sich selber zu kreisen.

Die ursprüngliche Bedeutung des Wortes „katholisch" ist, verbunden zu sein mit unserer Vergangenheit und der Zukunft und uns nicht in uns selber zu verlieren. Aber in diesem Sinne sind die meisten Katholiken nie Katholiken gewesen. Sie waren sehr völkisch und nationalistisch. Und doch müssen wir es weiterhin versuchen. Heute nennen wir das vielleicht eher „global" oder „planetarisch" oder „kosmisch". Das hat nichts mit „New Age" zu tun, das ist einfach die Schöpfungsspiritualität, von der wir im Buch Genesis lesen können. In der Offenbarung wird uns gesagt, daß Christus Alpha und Omega, Anfang und Ende der Geschichte ist. Insofern eine kleine Gruppe die Fähigkeit hat, sich mit diesem großen Bild zu verbinden, denke ich, ist sie gesund. Auch die

Zwölf-Stufen-Gruppen haben ihr Programm ja von außerhalb der Gruppe übernommen, es war ja schon vor ihnen da!

Sie sind hier in der Stadt von Karl Barth. Wenn wir fünfzig Jahre zurückdenken: Was wäre denn aus der Kirche geworden, wenn sie nicht über die Verkündigung nachdenkende Theologen gehabt hätte, die den Mut hätten, ein Wort zu sagen, das die Welt nicht hören wollte? Also meine Frage: Hat diese alte, von Luther her neugeborene Institution der protestantischen Kirche im Kontext Europas nicht vielleicht doch eine wichtige Rolle in unserer verwirrten Zeit heute?

Das weiß nur Gott, ich weiß es nicht. Aber meine Vermutung ist, daß die Bewegung der Kirchengeschichte heute ihr Zentrum nicht in Europa hat. Alle Anzeichen sprechen dagegen. 70 Prozent der Christen leben heute in der Dritten Welt. Und wir hatten unseren Auftritt auf der Bühne bereits; aber jetzt muß die Bibel durch die Augen von Frauen interpretiert werden, durch die Augen der Armen und durch die Augen eines gemeinschaftlichen Weltbildes, wie ich es in Afrika gefunden habe, durch eine mehr körperzentrierte Spiritualität anstatt von noch mehr Kopf – und durch eine mehr kontemplative Spiritualität, wie man sie in Asien finden kann. Das heißt nicht, daß wir unrecht hatten, sondern einfach, daß es viele andere Teile des Mysteriums Christi gibt, die enthüllt werden müssen. Und unser Teil als traditionelle Kirchen ist es, demütig genug zu sein, um loszulassen und um die anderen Stimmen zu Wort kommen zu lassen.

Aktion – Politisches Engagement der Christen

Vortrag in der Kreuzkirche, Dresden, 14. März 1990

Am letzten Tag des Jahres, an Silvester, ziehe ich mich in der Regel zum Gebet zurück. So habe ich mich in den letzten Stunden des Jahres 1989 gefragt: Wofür soll ich dieses Jahr beten? Was brauchen wir in den 90er Jahren? Natürlich ist man stark versucht zu sagen, wir sollen um mehr Liebe beten. Aber da fiel mir ein, daß ich so viele Menschen in der Welt getroffen habe, die voller Liebe sind und so viele Menschen, die sich wirklich um andere kümmern und ich glaube, uns fehlt es nicht an Liebe, sondern an Weisheit. Deswegen wurde mir damals klar, ich sollte für die 90er Jahre vor allem um Weisheit beten.
Wir alle wollen lieben, aber wir wissen in der Regel nicht, wie wir richtig lieben sollen. Wie wir *so* lieben können, daß wirklich Leben daraus entsteht. Ich glaube, was wir alle brauchen und was speziell auch die DDR jetzt braucht, ist Weisheit. Ich bin sehr enttäuscht, daß auch wir in der Kirche so wenig Weisheit weitervermittelt haben. Oft haben wir den Menschen nur beigebracht, recht zu haben – oder anderen gesagt, daß sie im Unrecht sind. Entweder haben wir Sachen befohlen oder verboten. Aber wir haben uns nicht erlaubt, den schmalen und gefährlichen Weg wirklicher Weisheit einzuschlagen. Denn auf diesem Weg müssen wir das Risiko eingehen, daß wir Fehler machen. Auf diesem Weg müssen wir das Risiko eingehen, im Unrecht zu sein. Das ist die große Schule der Weisheit. Nicht der Schmerz ist unser Feind auf dem geistlichen Weg, sondern unser Feind ist die *Angst* vor den Schmerzen. Weil wir soviel Angst vor Schmerzen haben, sind wir nicht weise geworden.
Ich glaube, es gibt zwei notwendige Wege, wie wir uns auf die Weisheit zubewegen können: eine radikale Reise nach innen und eine radikale Reise nach außen. Viel zu lange haben wir die

Menschen in einer Art Sicherheitszone festgehalten (in einer sicheren Mitte), wir haben sie weder zu einem radikalen Weg nach innen gerufen, also zur Kontemplation, noch haben wir sie zu einer radikalen Reise nach außen gerufen, d.h. zum Engagement für die sozialen Fragen unserer Zeit. Weil diese beiden großen Lehrer, der innere und der äußere Weg, Schmerz verursachen, bleiben wir wahrscheinlich am liebsten in einer sicheren Mittelposition. Scheitern und Versagen sind die besten Lehrer, Erfolg hat uns auf dem geistlichen Weg so gut wie nichts zu lehren. Wir merken aber, daß viele von uns entweder aufgrund ihres Temperaments oder aufgrund ihrer Erziehung der einen oder anderen Seite zuneigen. Wo immer ich hinkomme in der Kirche, gibt es Leute, die beten, und es gibt Leute, die aktiv sind. Diese beiden kommen nie zusammen und deshalb fehlt beiden das halbe Evangelium, beiden fehlt die halbe Wahrheit.

Ich bin mir sicher, daß wir im Westen vor allem mit der Aktion beginnen müssen. Die große Versuchung der westlichen Kirche ist es gewesen, das Evangelium im Kopf festzuhalten; da oben kann man recht oder unrecht haben, man kann richtig oder falsch liegen, jedenfalls bleibt das alles immer im Griff. Aktion gestattet uns nie die Illusion der Kontrolle.

Aktion erlaubt uns nie die Illusion, wir würden immer alles verstehen. Wenn wir uns auf den Schmerz dieser Welt einlassen, merken wir sehr bald, daß wir bloß einen ganz kleinen Bruchteil der Wahrheit besitzen.

Es sieht so aus, als ob wir dazu verdammt sind, in einer Welt zu leben, die eine Mischung aus Finsternis und Licht, aus Bösem und Gutem ist. Jesus sprach vom Ackerfeld, auf dem Weizen und Unkraut nebeneinander wachsen. Wir aber sagen: *„Herr, sollen wir nicht hingehen und das Unkraut herausreißen?"* Doch Jesus sagt: *„Nein, wenn ihr das versucht, reißt ihr wahrscheinlich den Weizen mit heraus. Laßt die beiden auf dem Feld nebeneinander wachsen bis zur Ernte"* (Matth. 13,24-30). Man braucht viel Geduld und Demut, um mit so einem Ackerfeld in sich selbst zu leben. Denn auch in unserer eigenen Seele stehen Unkraut und Weizen dicht nebeneinander.

Wir werden niemals gewinnen, wenn wir das Böse frontal angreifen. Dabei kann es passieren, daß wir die Energie und die Waffen des Bösen in uns selbst aufnehmen. Schließlich können wir genau zu dem werden, was wir hassen[1]. Darum hat uns Jesus gesagt, wir müssen unsere Feinde lieben und ihnen vergeben; sonst werden wir genauso wie unsere Feinde. Hitler hat angeblich einmal gesagt, das Großartige am Nationalsozialismus sei, daß alle, die ihn direkt angreifen, dabei selbst faschistisch werden. Die USA haben ein hohes Selbstbild von sich selber und denken, sie hätten den Faschismus besiegt. Aber trotzdem unterstützen die USA heute rechtsextreme Regierungen in Guatemala, in El Salvador und in Südafrika. Man sieht niemals die eigene Sünde, man erklärt immer die eigene Sünde zur Tugend. Und deswegen brauchen wir eine Hilfe, um zu erkennen, daß wir selber eine Mischung aus Gutem und Bösem sind.

Es gibt kein perfektes politisches System. Jesus hat uns nie versprochen, daß irgendein politisches System das Reich Gottes auf Erden verwirklichen könne. Er hat uns geraten, in dieser Welt eine demütige Position einzunehmen. Er nannte diese Position „Sauerteig". Aber wir wollen das ganze Brot sein. Er sagte uns, wir sollen das Salz im Essen sein, aber wir wollen das ganze Essen sein. Er sagte uns, wir sollen das Licht auf dem Berg sein, aber wir wollen der ganze Berg sein (Matth. 5,13ff).

Es ist sehr schwer für das Christentum, eine Minderheitenposition zu akzeptieren und das zu tun, was wir tun müssen: mit Integrität und mit Wahrhaftigkeit die Zukunft Gott überlassen. Es gibt keine vollkommene Theologie, es gibt keine vollkommenen Erklärungen, es gibt keine vollkommene Straße auf dem Weg zu psychischer Gesundheit. Wir sind immer gezwungen, in einer Welt zu leben, die sowohl das Leben als auch den Tod enthält. Das Reich Gottes ist schon hier, aber ist noch gar nicht da. Glaube heißt, in dieser Position zu stehen und an beiden Seiten gleichzeitig festzuhalten. Wenn wir den kontemplativen Weg beschreiten, dann sehen wir die Zwielichtigkeit und Inkonsequenz unserer eigenen Seele. Wenn wir den Weg nach außen gehen, dann begeben wir uns an den Ort, wo die Opfer sind. Wenn wir versuchen, argumentativ herauszufinden, was Wahrheit ist, wird es immer gute Argumente auf beiden Seiten geben. Wir müssen irgendwann einmal die riskante Entscheidung für den Glauben wagen. Und

---

1 Zu den psychologischen Aspekten des Bösen vgl. Scott Peck, Die Lügner, Eine Psychologie des Bösen und die Hoffnung auf Heilung, Claudius Verlag München, 1990. Ferner: Walter Wink, Angesichts des Feindes – Der dritte Weg Jesu in Südafrika und anderswo, Claudius Verlag München, 1988.

das heißt: immer auf der Seite der Schwachen, immer auf der Seite der Armen, immer auf der Seite der Opfer zu stehen. Das wird uns in der Regel unpopulär machen. Wenn man auf dieser Seite steht, wird man von der Gegenseite falsch interpretiert. In Latein- und Mittelamerika gab es in den letzten zwanzig Jahren mehr Märtyrer als in den ersten zweihundert Jahren des Christentums. Der Hauptgrund für ihr Martyrium bestand darin, daß sie auf der Seite der Armen standen. Jesus hat uns gesagt, wir würden einst danach beurteilt werden, ob wir auf dieser Seite gestanden haben und ob wir ihn dort erkannt und gefunden haben. In Matthäus 25 sagt er, wir werden danach beurteilt werden, ob wir Christus im Geringsten seiner Geschwister erkannt haben. Jesu Option für die Armen ist ein Krieg des Lammes; er geht die niedrige Straße, vor der wir alle Angst haben.

Die Bibel ist immer die Geschichte der Opfer. Sie beginnt mit der Geschichte der Juden, die in Ägypten in die Sklaverei verschleppt wurden. Die Bibel wurde aus der Sicht derer geschrieben, die unterdrückt waren, die versklavt waren, die arm waren. Es ist eine parteiische Geschichtsdarstellung, die sich auf die Seite der Opfer stellt. Aber wir waren übereifrig bemüht, die Geschichte von der Seite der Gewinner her zu verstehen. Gerade Sie wissen ganz genau, was das jetzt für Sie bedeutet in diesem Land. Vielleicht bedeutet das für uns alle, daß wir uns genau an den Ort begeben müssen, vor dem wir am meisten Angst haben. Daß wir an den Ort gehen müssen, vor dem wir uns schämen. Daß wir an den Ort gehen müssen, wo wir unterdrückt werden. Daß wir sogar dahin gehen müssen, wo wir uns selber hassen. Nur an diesem Ort können wir die Verbindung zwischen dem Weg nach innen und dem Weg nach außen herstellen. Wenn wir es lernen, den armen Mann und die arme Frau in unserer eigenen Seele zu erkennen und zu lieben, werden wir die Wahrheit verstehen, die in dem armen Mann und in der armen Frau verborgen ist, die sich außerhalb von uns befinden.

Die Bibel spricht von vier Formen der Armut: Es gibt erstens die Armut der *Sünde*, die Armut *vor der Bekehrung*. In diesem Zustand ist der Mensch völlig leer, ihm fehlt die Wahrheit. Für diese Menschen heißt das Wort Gottes: „Kehr um und lebe!"

Die zweite Armut ist die Armut *unterdrückter Menschen*, die keine Zeit oder keine Mittel haben, wirklich menschenwürdig zu leben,

zum Beispiel die versklavten und mißbrauchten Israeliten in Ägypten. Und hier heißt das Wort Gottes, das an Moses ergeht: „Verändere die Situation!" Die gesamte jüdisch-christliche Tradition beginnt mit der Aufforderung Gottes, die Geschichte zu verändern, sich dem Pharao entgegenzustellen. Und trotzdem verlangt Gott von ihnen, vierzig Jahre durch die Wüste zu gehen und sich einem Läuterungsprozeß auszusetzen. Schon da sehen wir die allererste Verbindung zwischen der inneren Reise und der äußeren Reise.
Die dritte Armut, von der die Bibel spricht, ist die Armut *eines einfachen und demütigen Lebens*. Es ist die Aufforderung, in dieser Welt *einfach* zu leben und unsere Hoffnung und unser Vertrauen auf Gott und auf andere Menschen zu setzen statt auf materielle Dinge. Weil wir das niemals gelernt und niemals ernstgenommen haben, weder die katholische noch die protestantische Tradition, sind wir den totalitären Systemen dieses Jahrhunderts verfallen, die uns immer *zwingen*, das zu tun, worum Jesus uns *bittet*. Es sieht so aus, als ob Gott immer das Risiko der Freiheit eingeht: Auch Gott fordert, aber dann wartet er einfach; er wartet so lange, bis wir aus freien Stücken lieben können. Gott ist nicht nur bescheiden, Gott ist auch sehr geduldig. Die politischen Systeme dieser Welt haben keine Geduld.
Die vierte Armut in der Bibel ist *die tiefe Einsicht in meine eigene Begrenztheit und Schwachheit*. Das ist das zentrale Motiv der gesamten Bergpredigt: *„Selig sind die Armen im Geiste. Selig sind die, die weinen können"* (Matth. 5,3ff). Vieles im Leben kann nicht verändert werden, man kann nur darüber weinen. Sobald wir nicht mehr unter dem *Zwang* stehen, es verändern zu wollen, haben wir die *Freiheit*, es zu verändern. Dann kommt die Veränderung aus viel größerer Tiefe: nicht aus unserem Zorn heraus, sondern von einem Ort der Integrität; nicht von einem Ort, wo Angst wohnt, sondern tiefes Vertrauen; nicht von einem Ort, wo Selbstgerechtigkeit herrscht, sondern Weisheit.
Es gibt mindestens zwei unterschiedliche Wege, Prophet zu sein. Der erste ist der Weg, den Moses beschritten hat. Seine Aufgabe ist es, versklavten Menschen zu sagen: „Ihr könnt frei werden!" Der zweite Weg ist der Weg Jesu. Den Menschen, die sich für frei halten, sagt er, daß sie in Wirklichkeit versklavt sind. Der zweite Weg ist viel seltener und viel schwieriger. Ich glaube, daß Sie in Ihrer geschichtlichen Situation vielleicht beide Arten von Prophe-

Kreuzkirche in Dresden

Am Ort des Glaubens bin ich nicht sicher, daß ich sicher bin. Jesus hat uns in dieser Welt niemals Sicherheit versprochen und doch sind wir bereit, jedes politische System einzukaufen, das uns schnelle und leichte Sicherheit verspricht.

ten brauchen. Sie müssen es lernen, einer neuen Art von Freiheit zu vertrauen, aber Sie müssen auch erkennen, was in Ihrer eigenen Vergangenheit an Gutem verborgen ist. Sie müssen die falschen Definitionen von Freiheit entlarven.

Das Evangelium sagt, wir sind nicht wirklich frei, solange wir nicht von uns selbst befreit sind. Und kein politisches System kann uns diese Freiheit lehren oder anbieten. Als Mutter Teresa nach Amerika kam, nannte sie uns eines der unfreiesten Völker der Welt: Wir Amerikaner sind durch unsere vielen Möglichkeiten gelähmt. Wir halten uns für eine großartige Nation, weil wir aus einem riesigen Angebot von Konsumartikeln auswählen können. Sogar Christen sind bereit, so einen Unsinn zu glauben. Wenn sie das tun, vermeiden sie die Wanderung durch die Tiefe der Wüste. Nicht der Schmerz ist unser Feind, sondern die Angst vor den Schmerzen.

Jesus ist gekommen, um uns den Weg der Weisheit zu lehren. Er hat uns eine Botschaft gebracht, die uns anbietet, uns sowohl von den Lügen der Welt zu befreien als auch von den Lügen, die in uns selbst stecken. Die Worte des Evangeliums schaffen ein alternatives Bewußtsein, einen freien und soliden Grund, auf dem wir wirklich stehen können, frei von jeder Gesellschaftsordnung und von jeder Mythologie. Diesen neuen Boden, auf dem wir stehen, nannte Jesus das Reich Gottes. Und er sagte, das Reich Gottes ist etwas, das sich in dieser Welt ereignet und trotzdem in dieser Welt nie vollendet sein wird. Das heißt, wir sind wieder da, wo wir angefangen haben, beim Glauben. Wir verstehen jetzt, warum Jesus immer wieder fragt: *"Wenn der Menschensohn auf die Erde zurückkommt, wird er überhaupt irgendeinen Glauben auf dieser Erde vorfinden?"* (Luk. 18,8). Weil es so selten ist, daß es Menschen da aushalten, wo wir nicht den Systemen dieser Welt vertrauen oder irgendeinem System, sondern wo wir an einem Ort stehen, an dem sowohl Licht als auch Finsternis ist. An einem Ort, wo wir anbieten, unser Salz dazu zu geben, unseren Sauerteig, unser Licht auf dem Berg. Aber wir haben keine Sicherheit, daß wir wirklich recht haben. Das bedeutet, wir müssen an einem unscheinbaren, geheimnisvollen Ort stehen, der meistens eher dunkel als hell zu sein scheint. *"Wenn der Menschensohn zurückkehrt, wird er irgendwelchen Glauben auf der Welt finden?"* (Luk. 18,8). Am Ort des Glaubens bin ich nicht sicher, daß ich recht habe. Am Ort des Glaubens bin ich nicht sicher, daß ich sicher bin. Jesus hat uns in dieser Welt niemals Sicherheit versprochen und doch sind wir bereit, jedes politische System einzukaufen, das uns schnelle und leichte Sicherheit verspricht. Anstatt in dieser wesentlichen Unsicherheit zu leben, in dieser inneren, tiefen Armut, wo wir wirklich etwas lernen. Es ist die Schule der Opfer, in der wir etwas lernen, nicht die Schule der Sieger, nicht die Schule der Sicherheit.

Deshalb, liebe Geschwister, glaube ich, daß wir Christen eine immer kleinere Gruppe werden. Es gibt einfach immer weniger Gründe, aus gesellschaftlichen Gründen Christ zu sein. Die Kirchen haben über Jahrhunderte das Nationalstaatensystem zusammengehalten und gestärkt. Den Christen ist es oft nicht gelungen, an einen von Herrschern, Diktatoren und Königen unabhängigen Ort zu gelangen. Das ist ein angstmachender Platz. Ohne das Licht Christi und ohne den Glauben an die Präsenz Gottes würde keiner von uns dort stehen wollen. *„Wenn der Menschensohn kommt, wird er irgendeinen Glauben finden auf dieser Erde?"* Es ist schön, daß wir trotzdem in der Kirche immer noch diese Worte aussprechen können, und daß Sie bereit sind, sich so eine verrückte Wahrheit anzuhören. Das zeigt mir, daß die Kirche immer noch ein Ort der Hoffnung ist, daß wir die Torheit des Kreuzes predigen können.

Ein jüdischer Meister sagte einmal: „Gott ist nicht nett. Gott ist kein Onkel. Gott ist ein Erdbeben." Wir haben eine Mittelklasse-Version des Christentums geschaffen, die sich einen netten Gott gebastelt hat. Wir wollen, daß Jesus uns hilft, unsere Illusionen aufrechtzuerhalten. Wir wollen, daß uns Jesus endlich unsere Unsicherheit wegnimmt. Wir wollen uns so fühlen, als wären wir nur Weizen und kein Unkraut. Aber Gott ist nicht nett und Gott ist kein guter Onkel: Er ist ein Erdbeben. Die Verkündigung des Evangeliums zieht uns in gewisser Weise den Boden unter den Füßen weg. Wir müssen unser Leben auf neuen Grund stellen. Ich glaube, wir haben immer gedacht, wir können uns den Weg ins Evangelium *ausdenken*. Aber wir werden den Weg zu einem neuen Leben niemals im Kopf lösen, sondern wir müssen unseren Weg in eine neue Art des Denkens *leben*. Wir müssen zuerst handeln, wir müssen es wagen, diese Grenze zu überschreiten und anders zu leben, um von diesem Punkt aus nochmal neu nachzufragen. Deswegen kommt die Aktion *zuerst*.

Ich glaube, der beste Weg, die Wahrheit des Evangeliums wirklich zu begreifen, sieht folgendermaßen aus: Wir müssen in die Solidarität mit wenigstens einem Menschen eintreten, der anders ist als wir. Das bedeutet, die Linie zu überschreiten auf die andere Seite. Wenn man zum Beispiel vor einer bestimmten Rasse oder vor einer bestimmten Religion Angst hat, dann ist es das Beste, sich genau dorthin zu begeben. Wenn Sie vor bestimmten Leuten Angst haben, dann müssen Sie in Solidarität zu einer solchen Person treten. Wir müssen es eine Zeitlang mit diesem Menschen aushalten und lernen, die Wirklichkeit von seinem Blickpunkt aus zu betrachten. Deswegen hat Jesus gesagt, wir müssen unsere Feinde lieben. Es ist der einzige Weg, um das Ganze zu begreifen. Es ist der einzige Weg, um zu lernen, die andere Seite unserer eigenen Seele zu lieben.

Aber ich wiederhole: Versucht nicht, das im Kopf zu lösen, sondern tut es. Von dieser Aktion aus werdet ihr verstehen, was ich meine. Das Problem wird nicht im Kopf gelöst, sondern im Bauch, im Herzen, im ganzen Körper (natürlich auch im Kopf, aber der kommt erst später). Und das meine ich, wenn ich vom Risiko und vom Sprung des Glaubens spreche. Wir müssen erst handeln – und dann werden wir verstehen. Dann ist es ein Verstehen der ganzen Person. Dann weiß ich, daß ich weiß. Aber ich weiß eigentlich nicht, warum ich weiß. Ich kann Ihnen auch nicht beweisen, warum ich etwas weiß, sondern es ist die Weisheit des Glaubens. Es ist die Weisheit, die man nur lernt, wenn man unterwegs ist. Und diese Hausaufgabe kann niemand für Sie erledigen, weder der Papst noch die Bibel, sondern diesen Weg müssen Sie selber gehen. Genau das bedeutet „Primat der Aktion". Verharren Sie dabei an jenem tieferen Ort in sich selber, wo das Sowohl-als-Auch Platz hat. Das ist der Ort der Seele, der Ort der Weisheit, auf den wir uns zubewegen müssen. Haben Sie keine Angst!

Fragen und Antworten

Ich sehe da einen Widerspruch. Wir sollen keine Angst haben, unrecht zu haben in den Augen von anderen, aber wenn ich den Prinzipien in unserem Land folge, muß ich versuchen, recht zu haben.

Das Gebot Jesu heißt nicht: Ihr sollt recht haben, sondern: Ihr sollt einander lieben. Es ist natürlich nicht falsch, recht zu haben. Das

Problem beginnt da, wo wir unter einem inneren Zwang stehen, immer die zu sein, die recht haben. Wenn uns diese Frage zu sehr beschäftigt, dann sind wir ständig mit unserem Selbstbild beschäftigt, und das sind genau die Leute, die Jesus umgebracht haben. Das ist ein ewiges Muster: Die Rechthaberei, d. h. der Zwang recht zu haben (wir nennen das pharisäisch), genau das hat Jesus umgebracht. Wir müssen da eine sehr delikate Unterscheidung treffen: Natürlich geht es darum, daß wir Gott gegenüber gehorsam sein sollen, aber es geht nicht darum, daß wir unser positives Selbstbild um jeden Preis aufrechterhalten (und das sieht manchmal sehr ähnlich aus). Die echten Heiligen aller Zeiten haben sich nicht um ihre eigene Heiligkeit gekümmert und hielten sich auch nicht für Heilige. Ich habe dafür eine Faustregel: Wer glaubt, heilig zu sein, ist es nicht. Jesus sagt, die Prostituierten, die Steuereintreiber und die Sünder kommen eher ins Reich Gottes als die, die vor ihm in der Synagoge sitzen. Wenn Jesus Kranke geheilt hat und sie berührt hat, dann hat er am Ende immer gesagt: *„Dein Glaube hat dir geholfen"*; er hat nie gesagt: „Deine rechte Lehre, deine Orthodoxie oder deine Rechthaberei haben dich geheilt." Auch ich selbst hoffe natürlich, daß ich richtig handle, aber ich kann nicht dauernd um diese Frage kreisen. Ich muß tun, was ich tun muß und dann kann ich das Urteil darüber Gott überlassen. Sonst stehe ich unter dem Zwang, ständig Urteile fällen zu müssen. Wenn man aber ständig Urteile fällt, ist man nicht in der Lage, die Wirklichkeit, die mit Händen zu greifen ist, innerlich wahrzunehmen. Man ordnet alles sofort in Kategorien ein und das erleichtert einem selber die Kontrolle über die Welt.

Wie können wir ohne Urteile leben? Sie selber haben die amerikanische Gesellschaft kritisiert, Sie kritisieren die Kirchen.

Wir müssen natürlich unterscheiden lernen, was Dunkelheit und was Licht ist. Aber wir dürfen niemals der Illusion erliegen, daß wir nicht auch selbst Anteil am Dunklen haben: Das Dunkle, das wir da draußen sehen, ist immer auch ein Teil von uns. Leuten, die gerne Propheten sein wollen, sage ich: Du kannst nicht den Propheten spielen, bevor du nicht selber die Sünde, derer du andere anklagst, in dir selbst entdeckst.

Mit Ihrer Frage haben Sie natürlich recht. Wir können über das Thema Dunkelheit und Licht nicht naiv hinweggehen. Und gerade, weil wir so naiv waren, sind wir so oft Opfer finsterer Machenschaften geworden und haben es Licht genannt.

Ist das Rechthaben nicht auch ein Hilfsmittel für uns, um uns den Weg durch die Dunkelheit in dieser Welt zu ertasten, so eine Art Geländer?

Unsere Schlußfolgerungen sind nicht so wichtig wie der *Prozeß*, den wir durchmachen. Die meisten Verbrechen in dieser Welt sind von Menschen begangen worden, die gedacht haben, sie seien im Recht. Thomas von Aquin sagt: „Alle Menschen wählen etwas, was für sie gut aussieht." Jeder glaubt, er habe recht. Deswegen müssen wir uns auf einen inneren, geistlichen Weg begeben, der diese Illusion endlich zerbricht, die Illusion einer Welt, die in Schwarz und Weiß zerfällt. Ich bin sicher, die Nazis wähnten sich im Recht und die Genossen der SED wähnten sich im Recht. Beiden fehlte die Fähigkeit, die andere Seite zu sehen. Genau das meine ich, wenn ich von geistlicher Reise rede. Der Weg nach innen erfordert, mit der eigenen Seele Brücken zu bauen. Wer aber eine Brücke baut, läuft immer Gefahr, daß man von beiden Seiten auf ihr herumtrampelt, daß man von beiden Seiten mißverstanden wird. Wie Christus stehen wir selbst „in der Bresche" und laufen wie er Gefahr, daß wir dabei buchstäblich zugrunde gehen. Ich habe noch nie erlebt, daß viel Weisheit durch Leute in diese Welt kommt, die sich irgendwo rechthaberisch hingepflanzt haben.

Aber ich habe erlebt, daß sehr viel Weisheit durch Menschen in die Welt kommt, die demütig in der Position des Kreuzes dastehen und beide Seiten festhalten. Ich möchte das gerade hier und jetzt betonen, weil ich glaube, daß Sie eine einzigartige Gelegenheit haben, genau das zu schaffen: an vielem von dem Guten der letzten vierzig Jahre festzuhalten und trotzdem für das Risiko offen zu sein, etwas neues Gutes zu sehen – aber keines von beiden zu vergötzen. Deswegen heißt es im ersten Gebot, wir sollen keine Götzen anbeten. Götzen sind absolute Erklärungen, die uns das Gefühl geben, absolut recht zu haben und dann beten wir diese Erklärungen an. Unsere Gerechtigkeit (und das ist gute lutherische Theologie) ist immer ein Geschenk Gottes und nicht unser eigenes Werk. Diese Gabe wird uns meistens trotz unserer selbst gegeben. Aber nicht, wenn wir andauernd die Frage stellen: „Habe ich recht, habe ich recht?"

Der spirituelle Vergleich Gottes mit einem Erdbeben hat mich tief berührt. In meiner eigenen protestantischen Kirche geht es oft so vereinsmäßig und nüchtern zu, es fehlt der Enthusiasmus.

Ich will noch einmal sagen, daß Menschen, die starke emotionale Erfahrungen mit Gott gemacht haben, auch den Schritt in die Welt wagen müssen. Daß der Gott, der sie berührt hat, sie dazu führt, daß sie dasselbe tun. Wir werden wie der Gott, den wir anbeten. Ein rechthaberischer Mensch hat einen rechthaberischen Gott. Ein barmherziger Mensch hat die Barmherzigkeit Gottes selbst erlebt. Aber wir müssen auch denen helfen, die sich mit den großen sozialen Fragen unserer Zeit beschäftigen, daß sie das Risiko des Glaubens eingehen. Deswegen ist es für beide ein Erdbeben. Weil uns jedesmal der komfortable Grund und Boden, auf dem wir stehen, unter den Füßen weggezogen wird. Das zieht Menschen, die mehr verinnerlicht sind, hinaus in die Welt, wo sie die Sache nicht mehr im Griff haben. Umgekehrt führt es die sozial und politisch Aktiven in eine innere Welt, wo nichts machbar ist und sie ebenfalls nicht mehr alles im Griff haben.
Ich verstehe Ihre Sehnsucht nach mehr Emotionalität, möchte aber noch etwas sagen: Glaube hat in der Regel nichts mit Gefühlen zu tun!
Je länger wir auf der Reise des Glaubens sind, desto mehr hat Glaube etwas mit Vertrauen und mit Hingabe zu tun. Das Reich Gottes läßt keinen von uns in unserem eigenen kleinen Reich, wo wir bestimmen, was passiert. Gott führt uns alle hinaus in ein neues Land wie Abraham.

Wir Europäer betrachten die Wahrheit als einen statischen Zustand statt als einen Prozeß der Wahrheitsfindung, an dem viele Dinge beteiligt sind: der Körper, die geistige Konzentration, aber auch die Aktion für die Welt. Stimmen Sie mir darin zu?

Ich habe selbst deutschstämmige Eltern, und schließe mich, bei dem, was ich jetzt sage, nicht aus: Je länger ich das Evangelium auf allen fünf Kontinenten predige, desto klarer wird mir, daß sich die Europäer, speziell die Deutschen, am wohlsten in ihrem Kopf fühlen. Das wurde mir erst in Asien und Afrika so richtig bewußt. Afrikaner fühlen sich in ihrem Körper wohl und ich glaube, daß dies ein genauso legitimer Weg zu Christus ist wie unser „Kopf-

weg". Viele Asiaten fühlen sich sehr wohl in ihrem Bauch, und auch das ist ein sehr guter Weg, um zu Gott zu finden.
Wir lernen heute von diesen Menschen, daß das Evangelium in Zukunft mehr vom Körper, vom Herzen, vom Bauch her ausgelegt wird und viel weniger vom Kopf her. Das soll nicht heißen, daß es falsch war, was wir gemacht haben (ich wiederhole: es ist auch gar nicht die Frage, ob wir recht oder unrecht hatten); aber diese Entwicklung zeigt, daß wir nur ein Teil des Ganzen sind.
Endlich wird die christliche Kirche eine universale, eine globale Kirche. Das ist meine Hoffnung: Ich hoffe auf das Kommen des kosmischen Christus, eines Christus, den wir nicht nur in Hirn-Kategorien begreifen. Bei mir in New Mexico tanzen die Indianer an ihren Festtagen von morgens bis abends. Und sie fragen: „Warum ist das nicht genauso ein gutes Gebet wie euer Gebet mit dem Mund?" Ich weiß natürlich, daß sie recht haben. Und wenn ich die Früchte ihres Lebens sehe, habe ich manchmal den Eindruck, daß sie mehr recht haben als wir.

Was bedeutet der Verzicht darauf, recht zu haben für unser Verhältnis zu anderen Religionen?

Zunächst glaube ich, daß wir uns auf den Weg einlassen müssen, auf den Gott uns selbst berufen hat. Und den Weg, auf den Gott uns berufen hat, müssen wir ganz gehen. Diejenigen von uns, die Christus begegnet sind, müssen ihm erlauben, sie den ganzen Weg zu führen. Ich persönlich glaube, daß Christus am vollkommensten das Herz Gottes repräsentiert, doch das Zweite Vatikanische Konzil sagt auch: Es gibt *das* Wort Gottes, welches Christus ist, aber das heißt nicht, daß es nicht andere Worte Gottes gibt. Unsere Aufgabe als Christen ist es, *dem* Wort Christi bis zum Ende zu folgen. Trotzdem beschreibt sich dieses Wort Gottes selbst als Lamm: Es ist nicht der Weg des Siegers, sondern der Weg des Opfers. Der Weg Christi ist nicht der Weg der Macht, sondern der Machtlosigkeit. Wir rennen nicht herum und schreien: „Wir haben die ganze Wahrheit!", sondern wir geben unser Leben hin wie Christus als Brücke zur Versöhnung, als Brücke zwischen denen, die hassen, die Angst haben, die mißtrauisch sind.
Jesus ist eine Person und gleichzeitig ein Prozeß. Jesus ist der Sohn Gottes, aber gleichzeitig ist er eine Handlungsanweisung. Er ist das Ziel, aber er ist auch das Mittel, und das Mittel ist immer der

Weg des Kreuzes, der so ganz anders aussieht. Der Weg des Kreuzes sieht aus wie der Weg des Scheiterns und Versagens – und deswegen ist Glaube so selten. Deswegen redet Paulus von der *Torheit des Kreuzes*. Zu viele Christen wollen nichts als beweisen, daß sie die wahre Religion haben. Aber echten Christen geht es darum, zu tun, was Jesus getan hat. Sie wollen Jesus nachfolgen. Und sie überlassen das endgültige Urteil Gott.

Sie sagen, Glaube hat nichts mit Gefühlen zu tun. Ich merke aber, ich muß mehr Gefühle leben, um überhaupt zur Aktion zu gelangen. Ich denke, daß ich lieber emotional leben möchte und daß dies mein Weg ist, zum Glauben zu kommen.

Ich meine nicht ein Entweder-Oder, ich meine immer das Sowohl-als-Auch. Die meisten von uns brauchen ein emotionales Erlebnis, um überhaupt aus den Startlöchern zu kommen. Gerade weil unser Glaube lange Zeit so verkopft war, müssen viele von uns die Liebe Gottes emotional erleben. Viele Menschen haben diese Erfahrung in der charismatischen Bewegung gemacht. Das Gefühl ist zwar ein guter Ausgangspunkt, aber es ist kein gutes Mittel, um spirituell weiterzuwachsen.
Ich möchte das mit einer Ehe vergleichen: Man kann die Flitterwochen nicht ewig verlängern. Wenn wir versuchen, dauernd in den Flitterwochen zu sein, dann sind wir nicht in eine Person verliebt, sondern in eine Idee, in ein Idealbild. Alle großen Glaubenden, die ich kenne, sind Leute, die sicher hin und wieder Augenblicke haben, in denen sie auch emotional tief getröstet werden, aber sie brauchen diese Momente nicht – und sie rennen diesen Augenblicken nicht ständig hinterher. Gefühl ist etwas sehr Gutes, aber machen Sie bitte keinen Götzen daraus und glauben Sie nicht, daß Religion bedeutet, möglichst viele gute Gefühle zu produzieren. Denn dabei bleibt man sehr unreif.

Ich meine nicht nur die guten Gefühle, sondern auch die schlechten Gefühle, mit denen ich mich auseinandersetzen muß.

Das stimmt. Vielen von uns hat man beigebracht, negative Gefühle zu unterdrücken. Deswegen habe ich Sie ja auch vorhin gebeten, ihre Gefühle – auch die negativen – untereinander auszutauschen. Denn die negativen Gefühle haben die Kraft, uns für Teile in uns selbst zu öffnen, die noch Angst haben, die nicht vertrauen können. Solange man diese Gefühle nicht wahrgenommen hat, kann man sich auch nicht für Gott öffnen. Man weiß ja sonst gar nicht, wer man eigentlich ist. Manchmal muß man auch zu Gott sagen: Ich habe Angst oder ich bin wütend oder ich fühle mich abgelehnt. Die großen Beter aller Zeiten hatten die Freiheit, auf Gott wütend zu werden. Hiob ist so ein Beispiel.

Als Sie sagten, daß es wichtig ist, sich mit einem Menschen zusammenzutun, der ganz anders ist als man selber, habe ich erst gemerkt, was für eine Riesenchance in einer Ehe steckt. Vor allem, nach den Flitterwochen beim anderen auszuhalten, der eben ganz anders ist.

Das ist der Grund, warum ich glaube, daß die allermeisten Menschen zur Ehe berufen sind. Weil wir einen anderen Menschen brauchen, der wie ein Spiegel für uns ist, der unser bestes Selbst und unser schlimmstes Selbst reflektiert. Das Interessante an einem Spiegel ist, daß er das Bild nicht verändert, sondern daß er das Bild einfach so aufnimmt, wie es ist. Wir alle brauchen die Erfahrung, bedingungslos geliebt zu werden. Ohne eine menschliche Erfahrung von bedingungsloser Liebe, die wir hoffentlich in der Ehe erleben, können wir nicht an die bedingungslose Liebe Gottes glauben. Und deswegen ist es offensichtlich so: Um den ganzen Weg mit Gott zu gehen, müssen wir gleichzeitig den ganzen Weg mit einem anderen Menschen gehen, obwohl das oft sehr schwierig ist. Denn dieser Mensch zeigt uns immer unsere dunkle Seite und erinnert uns daran, daß wir immer noch nicht wirklich gelernt haben zu lieben. Ich möchte es noch einmal sagen: Ich empfinde es als ein großes Privileg, heute abend hier zu sein und ich weiß, daß ich als jemand, der aus einem ganz anderen Land kommt, sicher viele Sachen nicht richtig gesagt habe. Ich hoffe, daß Sie die Leerstellen selber ausfüllen können. Es gibt nur ganz wenige Menschen auf diesem Erdball, die das durchgemacht haben, was Sie durchgemacht haben. Die älteren von Ihnen waren innerhalb einer einzigen Lebenszeit Opfer von zwei schrecklichen Ideologien, erst der rechten und dann der linken. Aber genau das bedeutet, daß Sie eine einzigartige Chance haben, Weisheit zu lernen. Sie wissen, daß Sie einen tieferen Ort brauchen, wenn Sie nach Wahrheit fragen. Sie wissen jetzt, daß keine Partei, ob rechts oder links, Ihnen das Reich Gottes anbieten kann.

Kontemplation –
die spirituelle Herausforderung

Vortrag in der Kreuzkirche, Dresden, 15. März 1990

Ich glaube nicht, daß Jesus einen Plan hatte, wie die perfekte, vollkommene Gesellschaft aussehen soll; jedenfalls ist dieser Plan aus dem Neuen Testament nicht ersichtlich. Statt dessen hat uns Jesus einen Prozeß vermittelt, einen Weg des Hörens, einen Weg der Vereinigung, einen Weg, wie wir hinter die Welt der Erscheinungen blicken und zur Wahrheit vordringen können. Frei und leer zu sein von sich selbst, die Freiheit, kein System vergötzen zu müssen, das ist wirkliche Freiheit, die Gemeinschaft möglich macht.

Wir wollen heute abend diese Reise in die Leere einen Schritt weiter führen: Ich nenne das die Reise in die Kontemplation. Wir leben in einer Gesellschaft, die sehr davon abhängig ist, daß wir uns unseren Wert verdienen. Wir müssen ständig eine Möglichkeit finden, uns selbst zu sagen, daß wir wertvoll sind. Wir tun das zum Beispiel mit unserer Kleidung, mit dem Auto, das wir fahren. Aber wir haben große Schwierigkeiten, unseren Wert von innen heraus zu finden. In der materialistischen Gesellschaft haben wir unser Selbstwertgefühl fast ausschließlich auf Dinge projiziert. Darum ist es sehr schwer, in sich selber wieder seine Seele zu finden. Ich warne Sie: In einer kapitalistischen Gesellschaft ist das noch viel gefährlicher als in der, die bisher in der DDR herrschte.

Es ist für die Menschen im Kapitalismus sehr schwer, die eigene Mitte zu kennen oder aus dieser Mitte heraus zu leben. Wir leben in einer Wohlstandsgesellschaft, die immer mehr erwartet, immer mehr will und schließlich glaubt, ihr stünde auch mehr zu. Aber je mehr wir besitzen, desto weniger freuen wir uns komischerweise darüber. Das ist das Paradox, das in allen materiellen Gütern steckt. Je mehr wir die Sehnsucht unserer Seele auf Dinge projizieren, desto mehr Dinge scheinen uns zu fehlen; desto weniger Zeit haben wir aber auch!

In Amerika besitzen die Menschen viele Dinge, die sie „zeitsparende Annehmlichkeiten" nennen – und trotzdem rennen sie herum und haben niemals Zeit. In einer Wohlstandsgesellschaft, in der die Sehnsucht der Seele nach außen projiziert wird, haben wir viel mehr Informationen, aber viel weniger Weisheit. Weisheit bedeutet, mit den Informationen richtig umzugehen; aber Informationen sind für uns zu einem eigenen Konsumartikel geworden. Wir haben keinen Ort tief in uns, wohin wir diese Informationen tragen können, damit sie dort integriert und in Weisheit verwandelt werden können. Deswegen bringt unser Gesellschaftssystem zwar viele Spezialisten hervor, aber nur sehr wenige weise Männer und Frauen. Und am Ende fehlen uns Wissen, Weisheit und Zeit.

Wenn die Seele nach außen projiziert wird, haben wir weniger Zeit für Liebe, denn auch die anderen Menschen werden zu Konsumartikeln. Wir fragen immer nur: Was kann dieser Mensch für mich tun? Wie kann mir der andere nützlich sein? Wie kann dieser Mensch mein eigenes Selbstbild bereichern? Wie kannst du dazu beitragen, daß ich mich noch stärker fühle? Deswegen gibt es so wenige Erfahrungen echter Freundschaft, die in sich selbst begründet ist und die kein Ziel über die Beziehung hinaus hat. Es ist auch keine Überraschung, daß wir vom spirituellen Leben keine Ahnung mehr haben, denn selbst Gott ist zu einem Konsumartikel geworden. In Amerika gibt es Autoaufkleber mit dem Slogan „Ich habe *es* gefunden", wobei das „es" angeblich Gott sein soll. Aber in Wirklichkeit steht das „Ich" im Zentrum: *Ich* habe es gefunden – selbst Gott ist zum Besitz meines Egos geworden.

Schließlich tun wir dasselbe unserer eigenen Seele an: Wir stehen gleichsam außerhalb von uns selbst und fällen über uns selbst Urteile. Sind wir wertvoll oder sind wir es nicht? Haben wir recht oder haben wir unrecht? Aber sobald wir uns selber beurteilen, zerreißen wir uns auch selber. Wir zerstückeln uns in den Teil, der das Urteil fällt und in den Teil, der beurteilt wird. Wir müssen einen Weg finden, um all das wieder zusammenzubringen. Der einzige Weg, den ich kenne, ist der Weg der Kontemplation. Der Weg der Kontemplation ist das glatte Gegenteil vom Weg des Kapitalismus. Ich warne Sie, bevor Sie in den nächsten Tagen und

Monaten Ihre Wahl treffen: Verändern Sie sich nicht, ohne vorher zu wissen, was Sie wählen. Sobald man sich für eine bestimmte Straße entschieden hat, ist es sehr schwer, umzukehren. Jesus hat ganz bestimmt gewollt, daß wir eine Gesellschaft aufbauen, in der Menschen an erster Stelle stehen und nicht Sachen. Jesus hat uns gelehrt, Menschen zu lieben und Dinge zu benutzen. Aber in unserer Gesellschaft benutzen wir Menschen und lieben Dinge.
Vor einigen Jahren habe ich in Afrika gepredigt, in der Kathedrale von Nairobi. Die Leute haben mir stundenlang zugehört und am Ende haben sie gesagt, jetzt wollen wir aber auch zusammen beten. Sie kamen in den Altarraum und saßen überall auf dem Boden. Ein alter, schwarzer Mann betete: „Herr, laß es nie zu, daß wir in Steinhäuser umziehen." Und ich nickte und sagte: „Ja, Herr", obwohl ich gar nicht wußte, was dieses Gebet eigentlich bedeutete. Das Gebet dauerte mehr als eine Stunde, dann ging ich in die Sakristei und habe den Priester gefragt, warum der Mann dieses Gebet gesprochen hat. Der Priester sagte: „Sie kennen Afrika, Sie haben unser Land gesehen: Hier leben die Menschen in kleinen Hütten und Hütten haben keine Türen. Deswegen ist deine Familie meine Familie und meine Familie ist deine Familie. Die einzige Familie ist die erweiterte Familie, die Großfamilie. Aber sobald man in ein Steinhaus umzieht, baut man eine Tür. Und an die Tür macht man ein Türschloß. Und hinter dieser Tür beginnt man die eigenen Besitztümer anzusammeln und dann muß man den Rest seines Lebens damit zubringen, diese Besitztümer zu verteidigen." Die Welt ist für alle Zeiten in „mein" und „dein" aufgeteilt.
Franz von Assisi hat vor 800 Jahren genau dasselbe gesagt: Wir besitzen nicht, sondern wir werden von unserem Besitz besessen. Ich glaube, das ist unausweichlich, wenn wir nicht den Ort unserer Seele finden. Wenn wir nicht aus unserer eigenen Mitte heraus leben, dann werden wir um die Dinge kreisen. Das wahre Ziel aller Religionen ist es, uns an jenen Ort zurückzuführen, wo alles eins ist, wo wir zur Urerfahrung der Einheit zurückfinden: zur Erfahrung der Einheit mit uns selber, zur Erfahrung radikaler Einheit mit der ganzen Menschheit und deshalb zur Erfahrung der Einheit mit Gott. Religion hat keinen anderen Zweck als diese eine Reise zu ermöglichen. Und genau das möchte ich heute abend gerne etwas näher beschreiben. Ich muß aber gleich sagen:

Es ist ganz schwer, diese Reise mit Worten zu beschreiben. Denn der springende Punkt ist, daß es um Ihre persönliche Reise geht, um eine Reise, die Sie selber machen müssen.

Vor vier Jahren haben mir meine franziskanischen Ordensoberen ein Jahr Urlaub gegeben, um ein Jahr der Kontemplation zu leben. Ich weiß, das war ein großes Privileg und erschien mir sogar wie ein Luxusgut. Vielleicht kann ich Ihnen einige meiner Erfahrungen weitergeben, so daß Sie auch etwas davon haben. Als Motto für dieses „Sabbatjahr" wählte ich den Satz des österreichischen Philosophen Ludwig Wittgenstein „Nicht denken, sondern sehen". Deswegen habe ich beschlossen, Bücher zu fasten, Radio zu fasten, Fernsehen zu fasten, d. h. keine weiteren Informationen und Ideen aufzunehmen. Ich wollte versuchen, klar und deutlich das anzusehen, was ich bis dahin bereits erlebt und erfahren hatte. Ich brauchte keine zusätzlichen neuen Informationen, sondern ich mußte lernen, meine bisherigen Erfahrungen nachzuschmecken, sie durchzukauen. Ich mußte ihre positive und ihre negative Seite auf der Zunge schmecken, ihre Süße und ihre Bitterkeit.

Ich hatte vorher Exerzitien für ein Trappistenkloster gehalten, und der Abt fragte mich, ob er mir etwas Gutes tun könnte. Ich bat ihn, vierzig Tage in der Einsiedelei des berühmten, verstorbenen Dichtermönches Thomas Merton leben zu dürfen. Ich hatte die Bücher von Thomas Merton gelesen – der auch der Lehrer von Ernesto Cardinal war – und er hatte mich begeistert, er war mein Vorbild. Ich dachte, wenn ich an seinem Ort bin, könnte ich womöglich etwas von seiner Weisheit in mich aufnehmen. Und so habe ich das Frühjahr in den Hügeln von Kentucky verbringen können, mutterseelenallein mit mir, mit dem Wald und hoffentlich mit Gott. Ich dachte vorher, wahrscheinlich wird es sterbenslangweilig: was werde ich nur den ganzen Tag machen? Ich habe meinen Stuhl vor die Tür gestellt und habe am Morgen der Sonne zugeschaut, wie sie aufgeht. Und am späten Nachmittag habe ich meinen Stuhl auf die andere Seite der Hütte gestellt und der Sonne zugeschaut, wie sie untergeht.

Das klingt nicht besonders erhebend. Ich habe versucht, Tagebuch zu führen über das, was mit mir passierte. Weil ich ein Mann bin und weil ich deutscher Abstammung bin, fällt es mir besonders schwer zu weinen. Aber eines Abends legte ich meinen Finger auf die Wange und merkte zu meiner Überraschung, daß sie naß war.

Ich habe mich gefragt, was diese Tränen sollen. Warum weinte ich eigentlich? Ich war überhaupt nicht bewußt traurig oder bewußt glücklich. Ich merkte in diesem Augenblick, daß hinter alledem eine tiefere Freude stand als meine persönliche Freude. Es war eine Freude angesichts der Schönheit des Seins. Eine Freude über all die wunderbaren und liebevollen Menschen, die ich in meinem Leben schon getroffen habe. Aber im selben Augenblick erlebte ich genau die entgegengesetzte Emotion. Ich hatte bisher nicht gewußt, daß zwei so entgegengesetzte Gefühle koexistieren können. Denn die Tränen waren zugleich Tränen einer immensen Traurigkeit, einer Traurigkeit über das, was wir der Erde antun, einer Traurigkeit darüber, was wir einander antun, einer Traurigkeit über die Menschen, die ich in meinem Leben schon verletzt habe und auch einer Traurigkeit über meine eigene Hohlheit und Dummheit. Und selbst heute, fünf Jahre später nach diesem Erlebnis, weiß ich nicht, ob damals Freude oder Schmerz überwog. Beides lag so dicht beieinander.

Ich war in diesem Jahr der Kontemplation nicht in der Lage, zu predigen oder etwas zu lehren. Ich war nicht fähig, meine innere Wahrheit verbal zu vermitteln und deswegen mußte sie aus meinen Augen kommen. Es gibt noch einen anderen Weg der Erkenntnis als über das Gehirn. Und das ist der Weg der Kontemplation. Kontemplation ist ein Wissen, das die Heiligen ein Nicht-Wissen nannten. Sie beschreiben es als eine Begegnung mit der „Wolke des Nichtwissens"[1], wo man nicht mehr vom Zwang nach Absicherung regiert wird. Wo man nicht mehr alles verstehen muß. Wo man aus tiefstem Herzen sagen kann: „Es ist in Ordnung." (Obwohl man zugleich genau weiß, daß vieles nicht in Ordnung ist, daß vieles auf der Welt schrecklich ist.) Und trotzdem findet man die innere Kraft, mit der Wirklichkeit so zu leben, wie sie wirklich ist.

Die beste Definition für Kontemplation, die ich kenne, lautet folgendermaßen: *Kontemplation ist ein langer, liebevoller Blick auf das, was wirklich ist.* Das Wesentliche bei dieser Erfahrung ist die Zeit. Es gibt einen qualitativen Unterschied zwischen zehn Minuten und zehn Stunden und natürlich erst recht zwischen zehn Stunden und zehn Tagen. Und weil es diesen Unterschied gibt,

---

[1] Die Wolke des Nichtwissens, Johannes Verlag Einsiedeln, 2. Aufl. 1983.

müssen wir für die Menschen, um die es uns geht, und für uns selbst einen Ort finden, an dem wir uns Zeit nehmen. Wir müssen einen Ort finden, wo wir all unsere Erfahrungen beherbergen können, ohne etwas zu verdrängen. Wir brauchen einen Ort, in dem Raum ist für alles, was wir in unserem Leben getan haben und was wir nicht getan haben. Einen Ort, der größer ist als Ja oder Nein. Einen Ort, der größer ist als die Urteile, die wir fällen. Einen Ort, an dem wir einfach empfangen. An diesem umfassenden Ort wird Gott ganz klar. An diesem umfassenden Ort werden Sie selber ganz klar sein. Dort wird Raum sein, jeden Teil Ihrer Existenz zu empfangen.

Vor einigen Jahren habe ich einen Bibelkurs geleitet über das Thema der Erlösung. Wir sind die ganze Bibel durchgegangen und haben geschaut, wie dort das Thema der Erlösung, des Heils entfaltet wird. Die erste Darstellung des Heils ist die Verheißung, die Gott dem Volk Israel gibt. Er verspricht, ihnen ein weites, ein umfassendes Land zu schenken. Als wir die ganze Bibel durch hatten, konnten wir keine bessere Beschreibung von Erlösung finden als diese erste Beschreibung: Gott verheißt uns einen weiten, einen umfassenden Raum – und das ist der Ort, den wir Seele nennen. Wir *retten* unsere Seelen nicht, sondern wir *entdecken* sie. Wir gehen nicht hin und versuchen, uns selbst heilig zu machen, sondern wir wecken unsere Seelen auf. Wir sind bereits mit Gott vereint – das Problem ist, daß wir es nicht glauben.

Das ist eine Frage des Glaubens, aber wir haben daraus eine Frage unserer Würdigkeit gemacht. Genau das ist es, was der Kapitalismus aus dem Evangelium macht: wir machen aus allem einen verdienten Wert. Wir können die Gnade nicht verstehen. Wir können die Liebe nicht verstehen. Wir können nicht glauben, daß wir für nichts und wieder nichts geliebt werden. Unser wirklicher Wert hängt aber an dem, was wir sind, und nicht an dem, was wir tun. Wir versuchen dauernd, gute Menschen zu sein, was immer das bedeutet. In Wirklichkeit sind wir nicht unbedingt *gut*, aber wir sind *heilig*. Gutsein, das ist etwas, was man sich verdient oder erarbeitet oder erreicht, aber geheiligt sind wir, ohne etwas dafür zu tun.

Kontemplation bedeutet, daß wir an diese tiefe Quelle zurückkehren. Jede(r) von uns muß versuchen, die geistliche Übung zu finden, die uns hilft, an diese Quelle zu kommen. Wenn Ihnen das

Japanischer Zengarten

*Kontemplation ist ein langer liebevoller Blick auf das,
was wirklich ist.*

Lesen der Bibel hilft, dann lesen Sie die Bibel. Wenn es das Abendmahl ist, dann feiern Sie Abendmahl. Wenn es das Beten des Rosenkranzes ist, dann beten Sie den Rosenkranz. Wenn es das Sitzen in der Stille ist, dann sitzen Sie einfach da und schweigen. Aber wir müssen einen Weg finden, um an den Ort zu gelangen, wo alles eins ist. Wir müssen diesen langen, liebevollen Blick auf das Wirkliche finden, wo wir nicht mehr urteilen, wo wir nicht mehr angreifen, wo wir einfach empfangen.

Ich möchte eine Übung mit Ihnen ausprobieren, die Ihnen vielleicht hilft, das zu tun[2]. Wir wollen uns einige Minuten Zeit nehmen, um diese Übung zu machen und danach darüber reden. Es gibt keinen Grund, warum Sie mir glauben sollen, Sie müssen die Erfahrung selbst machen. Die meisten von uns haben ihr Leben lang mit einem permanenten Strom des Bewußtsein gelebt. Mit einem ständigen Fluß von Ideen, von Bildern, von Gefühlen. Und in jedem Moment unseres Lebens klammern wir uns an solche Ideen oder Gefühle. Darum passiert folgendes: Nicht ich habe eine Idee, sondern die Idee hat mich. Nicht ich habe ein Gefühl, sondern das Gefühl hat mich. Wir müssen herausfinden, wer eigentlich dieses Ich ist, das diese Gefühle oder diese Gedanken hat. Wer bist du selbst – hinter deinen Gedanken und Gefühlen?

Ich bin sicher, die meisten Menschen des Abendlandes sind dieser Person nie wirklich begegnet, die sie selber sind. Weil wir uns ein ganzes Leben lang in jedem Moment entweder mit unseren Gedanken, mit unseren Bildern oder mit unseren Gefühlen identifizieren. Wir müssen einen Weg finden, hinter unsere Gedanken, Gefühle und Bilder zu kommen. Wir müssen das Gesicht entdecken, das wir bereits hatten, bevor wir geboren wurden. Wir müssen entdecken, wer wir in Gott schon immer waren, bevor wir irgend etwas richtig oder falsch gemacht haben. Das ist das Ziel der Kontemplation.

Deswegen bitte ich Sie, daß Sie sich einen Fluß oder einen Strom vorstellen. Sie sitzen am Ufer dieses Flusses. Auf diesem Fluß fahren Boote und Schiffe. Während der Strom an Ihrem inneren Auge vorbeifließt, bitte ich Sie, daß Sie jedes dieser Boote und

---

2 Die folgende Übung wird ausführlich dargestellt bei Thomas Keating, Das Gebet der Sammlung, Eine Einführung und Begleitung des kontemplativen Gebetes, Vier-Türme-Verlag Münsterschwarzach, 1987, S. 57 ff.

Schiffe benennen. Zum Beispiel könnte eines der Boote „Meine Angst vor morgen" heißen. Oder es kommt das Schiff „Die Ablehnung gegenüber meinem Ehemann". Oder es kommt das Boot „Oh, ich mache das nicht gut." Jedes Urteil, das Sie fällen, ist so ein kleines Boot. Nehmen Sie sich die Zeit, jedem dieser Boote einen Namen zu geben und es dann weiterziehen zu lassen.
Für manche Menschen ist das eine sehr schwierige Übung. Denn wir sind daran gewöhnt, daß wir sofort auf die Boote aufspringen. Sobald wir ein Boot besetzen, uns damit identifizieren, bekommt es Energie. Es handelt sich aber um eine Übung im Nicht-Besitzen, im Loslassen. Bei jeder Idee, bei jedem Bild, das uns in den Kopf kommt, sagen wir „Nein, das bin nicht ich, das brauche ich nicht, das bin nicht ich." Wieder und wieder müssen wir uns das sagen. Einige dieser Boote, die schon daran gewöhnt sind, daß wir ständig auf sie aufspringen, denken, daß wir sie beim ersten Mal bloß nicht gesehen haben. Deswegen schwimmen sie den Strom zurück und kommen wieder. Das Boot sagt: „Früher hat er sich doch immer über seine Frau geärgert, warum macht er es diesmal nicht?" Manche von Ihnen werden das Bedürfnis haben, ihre Boote zu torpedieren. Machen Sie das bloß nicht, greifen Sie diese Boote bitte nicht an. Hassen Sie diese Boote nicht, verurteilen Sie diese Boote nicht: Es ist auch eine Übung in Gewaltlosigkeit. Sie dürfen Ihre Seele nicht hassen, Sie können Ihre Seele nicht hassen. Es geht darum, die Dinge zu erkennen und zu sagen: Das ist nicht nötig, ich brauche das nicht. Aber tun Sie das sehr freundlich. Wenn wir lernen, unsere eigene Seele zärtlich und liebevoll zu behandeln, dann werden wir dieselbe liebevolle Weisheit auch in die Außenwelt tragen können.
Viele von uns haben nur eine totalitäre Spiritualität kennengelernt. Deswegen ist es auch keine Überraschung, daß wir zwei totalitäre Weltanschauungen produziert haben: den Kapitalismus und den Kommunismus. Beide sind Lügen. Wir müssen die Wahrheit lernen, aber nicht in unserem Kopf, sondern in unserer Seele, an dem Ort, wo große Freiheit ist. Wo Gott geduldig ist und alles annimmt und wo auch wir lernen müssen, alles anzunehmen. Gleichzeitig aber dürfen wir nicht an irgend etwas kleben bleiben: Es ist auch eine Übung im Loslassen. Positive Gedanken sind genauso schlecht wie negative Gedanken, positive Gefühle sind genauso schlecht wie negative Gefühle – wenn wir auf sie

fixiert sind. Positive Selbstbilder sind genauso suchtfördernd wie negative Selbstbilder – wenn wir an ihnen kleben. Deswegen sagt Jesus: Selig sind die geistig Armen. Die Armen sind es, die an keinem Bild hängen, das sie von sich selber haben, die sich nicht selber mit negativen Bildern bestrafen müssen, aber auch nicht ständig ihre positiven Selbstbilder beschützen müssen.

Die Psychologie kann uns nur helfen, unsere Bilder etwas anders zu arrangieren, ein etwas positiveres Bild von uns zu bekommen. Aber echte Spiritualität stellt nicht nur die Bilder um, sondern sagt: Ich brauche überhaupt keine Bilder, ich muß an keinem Selbstbild kleben, ich muß kein Selbstbild aufrechterhalten. Wenn Sie diese Übung durchhalten, werden Sie in kurzer Zeit sehen, an welchen Bildern Sie ganz persönlich kleben, was die geistigen Muster sind, die Ihnen Ihre Energie geben. Ich warne Sie: Es ist zunächst eine demütigende Erfahrung. Denn die meisten werden feststellen: Ich weiß nicht, wer ich bin unabhängig von meinen Gedanken und Gefühlen. Manche aber werden schon nach wenigen Minuten erfahren, wie der Fluß langsam zur Ruhe kommt, von Booten gereinigt wird. Sie werden die geistliche Ebene entdecken, die unter allen Gedanken und Gefühlen liegt. Manchmal ist es schon passiert, daß die Leute das Gefühl hatten, sie würden sich am liebsten die Kleider vom Leib reißen und in den Fluß eintauchen. Der heilige Bonaventura sagt: „Sein und Gutsein ist ein und dasselbe." Deswegen müssen wir zu der Ebene zurückkehren, wo wir einfach „sind", wo wir nackt sind und wo wir erfahren, wie „gut" wir sind. Doch dieses Gut-Sein hat nichts damit zu tun, daß wir etwas richtig oder falsch machen. Wir müssen an diesen Ort zurückkehren, sonst gibt es keine radikale Reformation der Religion, und es wird auch nie eine wirklich neue Politik geben. Sonst wird immer nur ein Ego das andere bekriegen. Ein Ego, das eine rechte Ideologie hat, ist dabei genauso schlimm wie ein Ego, das eine linke Ideologie hat. Ein konservatives Ego ist genauso schlimm wie ein liberales Ego. Ein kapitalistisches Ego ist genauso schlimm wie ein kommunistisches Ego. Echte Religion führt uns über diese ego-zentrische Haltung hinaus und hilft uns zu sehen, wer wir in Gott sind. Dort haben wir die Freiheit, arm zu sein. Wir müssen dort nichts beweisen, wir müssen dort nichts verteidigen, und wir gehen von diesem Ort mit großer Stärke zurück in die Welt. Ja, wir werden sogar in die Welt zurückgeworfen.

Nach meinem Sabbatjahr fand ich zu der Überzeugung, daß ich in Neu-Mexiko das „Zentrum für Aktion und Kontemplation" eröffnen sollte, um Menschen zu helfen, sich ganz auf die Fragen und Ziele sozialer Gerechtigkeit einzulassen. Um Menschen zu helfen, sich wirklich den Armen zuzuwenden, aber vom richtigen Ausgangspunkt her (denn man kann die richtige Sache aus den falschen Gründen machen). Unser Ziel ist es, die richtige Sache aus den richtigen Motiven zu machen, damit die richtige Sache nicht mehr mit meinem Erfolgsbedürfnis zusammenhängt oder mit meinem Bedürfnis, über andere Menschen Macht zu haben. Deswegen bitte ich Sie jetzt, sechs Minuten einfach schweigend dazusitzen. Bitte denken Sie daran: Bei dieser Übung gibt es keinen Erfolg und kein Versagen. Wichtig ist, durchzuhalten und ständig das unnötige, falsche Selbst loszulassen – und keine Angst zu haben. Denn Sein und Gutsein sind identisch. Das Ziel aller Spiritualität ist, daß am Ende die nackte Person vor dem nackten Gott steht[3]. Es geht darum, daß wir nackt sind. Wie Sie wissen, erfordert der Liebesakt Nacktheit. Und dasselbe gilt für die Liebesgeschichte mit Gott. Wir müssen unser falsches Selbst ablegen, damit wir für die wirkliche Einheit mit Gott bereit sind. Haben Sie keine Angst vor der Stille, denn Gott ist im Schweigen bei Ihnen und führt Sie.

Nach der Übung sollten Sie sich ein paar Minuten Zeit nehmen und versuchen, für das, was in diesen sechs Minuten mit Ihnen passiert ist (es gibt nichts Falsches oder Richtiges), ein Wort zu finden, ein Adjektiv, einen kleinen Satz, ein Motto – irgend etwas, das Ihr Erlebnis in Worte faßt. Auch wenn es Ihnen Angst gemacht hat, oder wenn Sie das Gefühl hatten, sie konnten es nicht, sagen Sie es. Und wenn es wunderschön war und friedvoll, dann teilen Sie das mit. Ich bitte Sie, daß Sie sich einfach ein paar Leuten in Ihrer Umgebung zuwenden und versuchen, dieses kleine Erlebnis einander mitzuteilen, auch wenn Ihnen diese Übung vielleicht schwergefallen ist. Nehmen Sie sich ein paar Minuten dazu Zeit. Kontemplation ist ein Weg, mit dem Geist zu hören und nicht mit dem Kopf. Kontemplation ist die Suche nach einem weiten Raum. Dieser Raum ist weiträumig genug, daß der Kopf darin Platz hat, er ist weiträumig genug für das Herz, die Gefühle, den Bauch, das

---

3 Vgl. Richard Rohr, Der nackte Gott, Plädoyers für ein Christentum aus Fleisch und Blut, Claudius Verlag München, 5. Aufl. 1990, S. 13-19.

Unterbewußte, unsere Erinnerungen, unsere Intuitionen, für unseren ganzen Körper. Es geht um einen ganzheitlichen Ort des Hörens. An diesen Ort müssen sich Christen begeben, wenn sie Weisheit suchen. Wenn wir keine weisen Menschen mehr hervorbringen, liegt es daran, daß wir die Kunst der Kontemplation verlernt haben.

Fragen und Antworten

Sobald ich in das normale Leben zurückkehre, bleibt von der Erinnerung der Stille nicht viel zurück. Kontemplation muß doch für mein tägliches Leben Konsequenzen haben. Wie kann ich es schaffen, mit diesen Booten im Alltag zu leben?

Ihre Frage ist ganz wichtig. Wir müssen natürlich auf unsere Boote zurückkehren, aber ich kann kein echtes Selbstvertrauen haben, bevor ich nicht weiß, daß ich auch die Freiheit habe, dieses Boot zu verlassen. Loslassen ist letztendlich dazu da, daß ich wirklich und in Freiheit etwas ergreifen kann; und diese neue Ungebundenheit ist dazu da, daß ich mich aus freien und gesunden Motiven heraus engagieren kann. Bei der Kontemplation geht es um echte Aktion, und wenn Kontemplation nicht zu echter Aktion führt, dann bleibt es reine Nabelschau und Selbstbeweihräucherung.

Aber ich bin überzeugt, wenn Sie durchhalten, wenn Sie diese Übung regelmäßig machen, dann kommen Sie an einen inneren Ort, an dem große Barmherzigkeit und Mitleiden mit der Welt zu Hause sind. An diesem Ort werden Sie merken, wie sehr Ihnen die Leiden der Welt unter die Haut gehen und wie sehr Sie für diese Welt engagiert sind, aber nicht von Ihrem Kopf her, sondern von der viel stärkeren Position Ihrer Seele her. An diesem Punkt sind Sie unzerstörbar, denn dort finden Sie den Frieden, den die Welt nicht geben kann. Sie brauchen keinen Erfolg zu haben, Sie müssen es einfach tun. Denn Sie tun es nicht von einem ego-zentrischen Ort aus, sondern von einem seelen-zentrischen Ort aus. Deswegen kann Paulus sagen: *„Obwohl ich ausgepeitscht wurde, obwohl ich Schiffbruch erlitten habe, kann mich das alles nicht aufhalten."* (2. Kor. 11,25)

Paulus hat seine Kraftquelle an einem tieferen Ort gefunden als in seinem Kopf. Und da ist auch die Verbindung zum Alltag: Es geht darum, daß wir umkehren, daß wir handeln und immer den Weg hin und her gehen. Man kann das Problem nicht dadurch lösen, daß man sozusagen nur in „Innerlichkeit macht". Ich schlage deshalb als Möglichkeit vor, sich ganz bewußt wenigstens auf einen Menschen solidarisch einzulassen, der anders ist als ich, z. B. auf einen alten Menschen, einen behinderten Menschen, einen geistig zurückgebliebenen Menschen. Wenn wir die Wirklichkeit aus dem Blickwinkel dieser Menschen betrachten, dann werden wir die ganze Bekehrung erleben, nämlich die innere Verwandlung und auch die äußere Verwandlung.

Sie haben bis jetzt überhaupt nicht von Jesus Christus gesprochen.

Auf dem Weg der Kontemplation machen wir das gleiche wie Jesus Christus in der Wüste. Jesus lehrt uns nicht zu sagen: „Herr, Herr", sondern den Willen seines Vaters zu tun. Es muß uns in erster Linie darum gehen, daß wir das tun, was Jesus uns aufgetragen hat. Jesus ist in die Wüste gegangen, hat vierzig Tage nichts gegessen und hat sich selbst leer gemacht. Ein anderes Bild für diese Leere ist der Leib der Maria. In diese Leere hinein kann sie Christus empfangen und Christus in die Welt gebären.

Ich denke, Leere ist nicht genug.

Sie haben natürlich recht. Leere an und für sich ist nicht genug. Bei der Leere geht es darum, daß wir uns selbst aus dem Weg schaffen, damit Christus uns anfüllen kann.

Wie kommen wir zur Liebe Christi?

Zunächst einmal: Wir erwählen nicht Christus, sondern Christus erwählt uns, er entscheidet sich für uns. Sobald wir leer sind, ist dort Platz für Christus, denn erst jetzt sind wir überhaupt bereit, Christus als den ganz anderen, der nicht ich ist, zu erkennen und aufzunehmen.

Ich habe nach wochenlanger Übung diese Leere erfahren, ich kann jetzt alles loslassen. Was ist der nächste Schritt? Besteht nicht die Gefahr, daß man etwas Falsches tut? Wie kann man die wahre Identität finden, nachdem man die falsche und böse Identität fallengelassen hat?

Unser Ziel besteht darin, den Willen des Vaters im Himmel zu tun. Also müssen wir zunächst unseren eigenen Willen beiseite schaffen, damit wir überhaupt den Unterschied erkennen. Viele Menschen, die entsetzliche Dinge getan haben, waren felsenfest davon überzeugt, daß sie den Willen Gottes tun. Deswegen müssen wir ein Mittel finden, um beides voneinander zu unterscheiden. Paulus nennt es die Gabe der Geisterunterscheidung. Wir müssen lernen zu unterscheiden: Wann ist mein eigener Geist am Werk und wann ist der Geist Gottes am Werk? Diese Übung ist nur ein allererster kleiner Schritt zur Kontemplation. Ich bin sicher, es gibt tausend weitere Schritte.

Diese Übung war eine wundervolle Sache. Wenn man auf diese inneren Bilder schaut, lernt man viel über sich selbst. Wenn man diese spirituelle Übung macht, findet man seine eigene Realität. Ich habe noch nie eine Erfahrung gemacht, die mir so dabei geholfen hat, meine Realität zu finden.

Ich möchte Sie ermutigen, weiterzumachen. Wenn diese Übung Ihnen nichts gibt, dann suchen Sie bitte irgend etwas anderes. Nur der Mensch, der oft betet, betet gut. Der einzige Erfolg (wenn man in diesem Zusammenhang von Erfolg sprechen will), ist der Erfolg durchzuhalten, dranzubleiben. Bei Leere geht es darum, daß wir sozusagen ein gutes Land bestellen, wo wir für den Samen des Wortes Gottes wirklich empfänglich sind. Noch einmal: Ich glaube nicht, daß Jesus uns die Ernte in den Schoß legt, aber er zeigt uns einen Wachstumsprozeß. Er zeigt uns einen Weg, wie wir lernen können, Gott zu hören. Er zeigt uns einen Weg, wie wir vergeben können. Er zeigt uns einen Weg der Hingabe. Er vertraut darauf, daß sein Volk mitten auf diesem Weg lernt, die Wahrheit immer klarer zu hören. Die große Wahrheit wird immer jenseits von uns selber liegen. Die große Wahrheit wird niemals unsere egoistischen Bedürfnisse unterstützen. Sehr oft wird sie sogar diese Bedürfnisse unterminieren.

Das Wort Jesu könnte auch heißen: „Stirb!" Deswegen müssen wir einen Weg finden, das Wort Gottes so zu hören, daß es uns über unsere egozentrischen Bedürfnisse hinausführt. Viele Menschen glauben, sie tun den Willen Gottes, dabei ist es in Wirklichkeit doch nur ihr eigener Wille. Die überzeugendsten Sozialaktivisten in unserem Land waren und sind gleichzeitig Menschen des Gebets: Menschen wie Dorothy Day, Martin Luther King oder Jim Wallis. Es ist sehr wichtig, daß wir diese beiden Gruppen in der

Kirche zusammenbringen: Die Kontemplativen und die Aktiven. Denn keiner der beiden ist glaubwürdig ohne den anderen. Beide verkörpern nur eine Hälfte Christi. Christus ist vierzig Tage in die Wüste gegangen; erst danach begann er das Reich Gottes zu verkündigen und Kranke zu heilen. Und immer wieder sagte er unterwegs zu seinen Jüngern: *„Kommt, wir wollen uns wieder zurückziehen und einen stillen, ruhigen Ort finden."* (vgl. Matth. 14,23) Das heißt, unser ganzes christliches Leben muß ein ständiges Hin und Her sein zwischen dem radikalen Weg nach innen und dem radikalen Weg nach außen. Wir alle fangen entweder auf der einen oder auf der anderen Seite an. Deswegen müssen wir alle dazu bekehrt werden, daß wir an den Ort kommen, wo beides zusammenfindet. In der DDR haben Sie eine ungeheuer große Chance, ein weises Volk zu werden, gerade weil Sie so viel durchgemacht haben, was die Menschen anderer Länder nicht durchgemacht haben. Ich bitte Sie, schlagen Sie den schmalen Pfad der Weisheit ein. Es ist kein Weg, den die Politiker, ob rechts oder links, verstehen, aber es ist der Weg der wahren Kirche und der Weg Christi.

Von der Freiheit der Söhne und Töchter Gottes (Lukas 8)

Vortrag im Heilig-Geist-Saal, Nürnberg, 16. März 1990

Im Buch „Der Wilde Mann" habe ich zu beschreiben versucht, wie Männer befreit werden können. Im „Nackten Gott" habe ich davon gesprochen, wie vielleicht die Kirche freier werden könnte. Im „Enneagramm" beschreiben wir, wie einzelne Menschen frei werden können. Und am Sonntag wird mir vielleicht Christa Mulack helfen zu erklären, wie Frauen frei werden können. Das ist natürlich nicht *meine* Aufgabe.

Freiheit ist sicherlich ein Thema, das Sie alle in den letzten Monaten sehr bewegt hat. Ich bin gerade heute aus Dresden zurückgekommen, wo sich Ihre Brüder und Schwestern noch viel ernsthafter mit dieser Frage auseinanderzusetzen haben. Und es ist so wichtig für sie, daß sie in den nächsten Tagen eine Entscheidung für wirkliche Freiheit, für echte Freiheit fällen.

Ich würde gerne einige Sätze vorlesen, die ich erst vor einer Stunde in mein Tagebuch geschrieben habe: „Der Unterschied zwischen einem Land der Zweiten Welt (DDR) und einem Land der Ersten Welt (BRD) ist schockierend; aber der Unterschied schockiert auf eine andere Weise als der Unterschied zwischen einem Land der Dritten Welt und einem Land der Ersten Welt. Die DDR ist jahrzehntelang geistig und emotional total beherrscht und kontrolliert worden, und das alles geschah innerhalb ein und derselben deutschen Nation. Was für ein Anschauungsbeispiel ist doch dieses Deutschland für die Macht eines anderen Sozialvertrages, für die Macht einer anderen Kultur und Gesellschaftsordnung, unser Denken umzuformen! In der DDR sieht es so aus, als wenn die Menschen die Passivität verinnerlicht hätten, die von ihnen permanent gefordert wurde. Das wirkte sich auf alles aus: auf ihre Arbeitsmoral, ihre Motivation, auf die sprichwörtliche deutsche Sauberkeit, auf viele Bereiche. Wir dachten immer, das seien unverrückbare deutsche Tugenden, aber die Umstände haben selbst die fleißigen Deutschen in eine andere Richtung gezwungen." Hier im Westen, in Nürnberg, hat man diese Tugenden inzwischen pflegen können, aber dabei ging es wohl in erster Linie um private, um individuelle Interessen. Gibt es eigentlich keinen Weg, Individuen dazu zu bewegen, das Allgemeinwohl freiwillig zu suchen? Freiwillig! Ist das die ausschließliche und undankbare Aufgabe der Kirche? Ist das die nie endende Aufgabe der Kirche? Die Welt ist nicht in der Lage, echte Freiheit zu erkennen oder möglich zu machen, sie hat nicht einmal die Werkzeuge dazu. Außerdem operiert die Welt notwendigerweise auf der Basis von Eigeninteressen, und da wird der private Egoismus einfach durch den Gruppenegoismus erweitert.

Für mich ist das genau die Frage, mit der wir uns beschäftigen müssen: Wie können wir als Leute der Kirche wirklich befreit werden, wie können wir diese Freiheit der Welt weitergeben? Ich möchte diese Frage anhand einer Heilungsgeschichte aus dem 8. Kapitel des Lukasevangeliums klären.

Jesus und seine Jünger kamen ins Gebiet der Gerasener, das gegenüber dem See Genezareth liegt. Als Jesus an Land ging, trat ihm ein Mann aus der Stadt entgegen. Dieser Mann war von Dämonen besessen und hatte schon seit langer Zeit keine Kleider mehr angezogen. Er lebte in keinem Haus, sondern er lebte zwischen Gräbern. Das ist ein Bild für einen Menschen, der unter den Toten lebt und nicht gerade zivilisiert ist, denn er läuft nackt herum. Wir werden gleich sehen, daß sich die Stadt ganz wohl dabei fühlt, daß dieser Mensch dort draußen lebt. Und auch ihm geht es dort draußen ganz gut. Denn als Jesus auf ihn zukommt, da heißt es: *Er schrie laut und warf sich auf den Boden. „Was willst Du von mir",* fragte er Jesus, *„Sohn des Allerhöchsten? Bitte quäle mich nicht."* Das heißt: Ich weiß gar nicht, ob ich das will, was du hast. Die Unfreiheit, die ich habe, ist die einzige Welt, die ich kenne.

Wir fühlen uns mit unserer Sklaverei viel wohler als mit der Freiheit. Denn Freiheit bedeutet, daß wir für das, was wir sind, radikal Verantwortung übernehmen müssen. Versklavt zu sein bedeutet, wir haben immer jemand anderen, dem wir die Schuld für unsere Probleme geben können.

Der Geist hatte diesen Mann schon lange besessen, *er war mit Seilen und mit Fesseln gebunden.* Auf diese Weise versuchte man, ihn unter Kontrolle zu halten. Obwohl die Gerasener ihn gefesselt hielten, sagten sie, der böse Geist halte ihn gefangen. Wenn wir das, was an Dunklem in uns ist, auf einen anderen Menschen, auf andere Gruppen projizieren, dann akzeptieren diese Menschen, diese Gruppen am Ende genau das, was wir von ihnen behaupten. Wir alle glauben früher oder später, wir seien das, was die Welt uns über uns weismachen will. Bisher haben wir immer versucht, Freiheit als Befreiung einzelner Individuen zu verwirklichen. Das westliche Christentum hat es aber meistens versäumt, das Problem des institutionellen Bösen und der strukturellen Sünde anzusprechen. Das Christentum hat oft nicht erkannt, daß sie in sehr vielen Fällen die primäre Ursache für unsere individuelle Unfreiheit ist. Und wir werden sehen, wie wahr das ist, wenn wir die Geschichte weiterlesen.

Jesus sagt: „Was ist dein Name, Dämon?" Er sagt: „Wir sind ein Mob." („*Legion*" in der Lutherübersetzung, eine ganze Gruppe.) Und das bedeutet, das Böse hat viele Gesichter und es ist schwer, ihm einen konkreten Namen zu geben. Es ist sehr schwer, dieses Böse in eine bestimmte Schublade zu stecken, denn viele Dämonen sind in diesen Mann hineingekommen, viele Lügen hatte man ihm erzählt. *Und die Dämonen baten Jesus, ihnen nicht zu befehlen in den Abgrund zu fahren. In der Nähe weidete auf dem Berg eine große Schweineherde. Darum baten die Dämonen um Erlaubnis, in die Schweine fahren zu dürfen*[1]. Die Schweineherde steht natürlich für die wirtschaftlichen Verhältnisse dieser Gegend: Die Leute dieser Gegend haben sich offensichtlich mit Schweineaufzucht wirtschaftlich über Wasser gehalten. *Und Jesus erlaubte den Dämonen, in die Schweine zu fahren und sie fuhren in die Schweine. Und die Herde stürzte sich den Abhang hinunter in den See und ertrank. Als die Hirten sahen, was passiert war, flohen sie und berichteten davon in der Stadt und überall im Land. Und alle Leute kamen herbei, um zu sehen, was dort passiert war. Und sie kamen zu Jesus. Dort sahen sie zunächst den Mann, aus dem die Dämonen ausgetrieben worden waren: Er hatte Kleider an, er war bei vollem Bewußtsein und er saß zu Füßen Jesu*. Man würde erwarten, daß es in der nächsten Zeile heißt: Und sie freuten sich alle und jubelten. Man würde erwarten, daß es heißt:

---

[1] Zu der Frage, warum das Böse einen so starken Drang zu Körpern hat, vgl. Scott Peck, Die Lügner, Eine Psychologie des Bösen und die Hoffnung auf Heilung, Claudius Verlag München, 1990, S. 230f.

Sie waren sehr glücklich. Aber der Vers 35 sagt: *Sie hatten alle furchtbare Angst.*
Bei mir zu Hause arbeiten wir mit zerbrochenen Familien und mit Alkoholikerfamilien. Wir erleben oft, wie die ganze Familie um die eine kranke Person herumtanzt und sich darüber aufregt, wie furchtbar dieser kranke Mensch ist und wie schwer das Familienleben wegen dieses kranken Menschen ist. Aber sobald sich der Alkoholiker entschließt, gesund zu werden, regt sich niemand *mehr* darüber auf als der Rest der Familie. Jetzt haben sie nämlich niemanden mehr, den sie für ihre anderen Probleme verantwortlich machen können; jetzt müssen sie selber erwachsen werden. Diese negative Unfreiheit nennen wir Mitabhängigkeit. Wir binden einander gegenseitig durch unsere Lügen, wir binden einander durch unsere negativen Gefühle und unsere negativen Denkweisen – und das gilt nicht nur für Familien, sondern auch für Kirchen, für Institutionen, für Länder. Und es bereitet uns immer fürchterlich viel Angst, uns von dieser Falle des Todes wegzubewegen. Deshalb sagt Jesus zum Beispiel etwas, was wir nie verstanden haben. Er sagt, wir müssen es wagen, *Vater und Mutter und Bruder und Schwester zu hassen* (Luk. 14,26). Kein Theologe hat jemals eine Predigt darüber gehalten, weil wir nicht wissen, wie wir damit umgehen sollen. Er sagt, die Familie und die Gesellschaft können eine Quelle des Todes sein, genauso wie sie eine Quelle des Lebens sein können.
Dann erzählten Augenzeugen, wie dieser Mann geheilt worden war. Und daraufhin bat die gesamte Menschenmenge aus der Gegend von Gerasa Jesus, ihr Gebiet zu verlassen. Die ganze Stadt sagte: „Raus hier, du hast unsere Wirtschaft kaputtgemacht, unsere Schweine sind uns lieber als Jesus, denn unsere Schweine sind unsere Einkunftsquelle. Wir können nicht analysieren, wie uns unsere Wirtschaft kaputtmacht, wir haben nur dann Freiheit, wenn die Preise hoch genug sind." Die grundlegende Freiheitsdefinition, die wir im Kapitalismus haben, lautet folgendermaßen: Es ist die endlose Freiheit, endlose Wahlmöglichkeiten zu haben. Ronald Reagan hat uns einmal gesagt, Amerika sei deshalb eine große und freie Nation, weil wir zwischen 39 Geschmacksrichtungen von Eiscreme wählen können. Und solche Leute machen wir zum Staatsoberhaupt! Aber Jesus hat uns auch gesagt, wir sollten von der Welt keine Weisheit erwarten. Die Freiheit, die

sie uns anbietet, ist immer eine Freiheit, die ihren eigenen Zwecken dient; es ist eine kleine, eine winzige Freiheit, es ist die Pax Romana und nicht die Pax Christi.
Dann fragte der Mensch, aus dem die Teufel ausgetrieben worden waren, ob er bei Jesus bleiben könne. Uns begegnet hier ein begeisterter Charismatiker, der eben eine Heilung erlebt hat und der seine persönliche Beziehung mit Jesus vertiefen möchte. Aber er möchte es zwischen sich und Jesus „warm und weich" haben. *Und Jesus sagt: „Nein. Geh weg. Geh zurück in die Stadt und sag dort, was Gott für dich getan hat."* Denn du bist jetzt nicht mehr das Problem, aber die Leute in der Stadt sind es. Und es hat überhaupt keinen Sinn, wenn ich Menschen befreie und evangelisiere und sie in kranke Städte zurückschicke, in kranke Systeme zurückschicke, in kranke Länder zurückschicke, und ihnen erzähle, daß sie dort die ganze Lüge des Systems kaufen und mitnehmen können und gleichzeitig ihre private kleine Freiheit beim Herrn Jesus haben. Der Individualismus hat das Evangelium in der westlichen Welt unglaubwürdig gemacht, weil wir glauben, wir könnten unsere private Freiheit suchen – unabhängig von anderen. Echte Evangelisation muß sich auf zwei Schienen gleichzeitig nach vorne bewegen. Wir müssen zur gleichen Zeit Individuen evangelisieren und sie zur Freiheit rufen und gleichzeitig müssen wir Institutionen, Nationen und Systeme evangelisieren und zur Umkehr rufen. Wenn man das erste macht, werden sie einen alle einen Heiligen nennen – wenn man das zweite macht, wird man Kommunist und Revolutionär genannt. Und deswegen bleiben die meisten von uns auf der sicheren ersten Seite. Keiner von uns ist bereit zur vollen Freiheit Christi. Wir wollen die Freiheit Christi nur, solange man uns unsere „Schweine" nicht nimmt.
Anne Wilson Schaef hat ein sehr hilfreiches Buch publiziert, in dem sie sich mit unseren persönlichen Süchten und Abhängigkeiten befaßt und die westliche Gesellschaft als abhängige Gesellschaft beschreibt[2]. Die offensichtlichen Abhängigkeiten sind natürlich Alkohol, Drogen, Nikotin, Kaffee, Essen. In Amerika haben jetzt die sogenannten „Zwölf-Schritte-Programme" große Konjunktur. Jeder gehört zu irgendeiner Selbsthilfegruppe. Und diese Gruppen wachsen wahrscheinlich fünfmal so schnell wie

---

2 Im Zeitalter der Sucht: Wege aus der Abhängigkeit. Hoffmann und Campe Verlag Hamburg, 1989.

Die Dämonen fahren in die Schweine von Gerasa (Kupferstich von 1630)

Keiner von uns ist bereit zur vollen Freiheit Christi. Wir wollen die Freiheit Christi nur, solange man uns unsere „Schweine" nicht nimmt.

irgendeine erweckte Kirche. Es gibt „Anonyme Spieler", es gibt „Anonyme Eßsüchtige", es gibt „Anonyme Neurotiker", es gibt „Anonyme Fundamentalisten", es gibt „Anonyme Angsthasen". Aber wir entdecken gerade eine zweite Art der Unfreiheit und der Suchtabhängigkeit und nennen sie die „Sucht nach Fortsetzung der Sucht".

Es ist ganz klar, daß die Anhäufung und das Sammeln und Sparen von Geld eine Sucht ist. Menschen sammeln soviel Geld an, wie sie in einem Leben überhaupt nicht ausgeben können. Und das sind Leute, die zum Teil die Frechheit haben, auch noch die Bergpredigt zu zitieren und sich für Nachfolger des armen Jesus zu halten. Es gibt auch die Arbeitssucht und die Kaufsucht – beides Süchte nach Fortsetzung. In Amerika sagt man dazu „Einkaufen bis zum Umfallen": Die Leute kaufen ein als Freizeitbeschäftigung, als Erholung. Es gibt ja auch in Deutschland genügend Kaufhäuser, die gefüllt sind mit Sachen, die kein Mensch braucht. Wir haben kleine Boutiquen, die nur rosa Seifen verkaufen und wir denken, wir brauchen diese wunderhübsche rosa Seife.

Vor 28 Jahren war ich Novize bei den Franziskanern, und damals hat man uns sehr viel erzählt vom Loslassen. Man hat uns beigebracht: Weniger ist mehr, und man hat uns gesagt, daß es Franziskanern darum geht, in dieser Welt einfach zu leben. Doch seit vielen Jahren redet man in unserem Orden kaum noch über das Loslassen. Aber wenn man nicht mehr über das Loslassen reden kann, ist man bereits süchtig. Wenn man die Tugend des Hingebens, des Loslassens vergißt, ist man bereits süchtig.

Alle Spiritualität (und das muß man uns beibringen!) ist die Lehre vom Loslassen: Wie wir unsere Sicherheiten loslassen, wie wir unseren guten Ruf loslassen, wie wir unsere Identität und unser Selbstbild loslassen. Alle großen kontemplativen Lehrer führen uns in diese Richtung. Aber weil wir davon nichts mehr verstehen, sind wir eine süchtige Gesellschaft und eine süchtige Kirche geworden. Ein Großteil der Religion zeigt alle Anzeichen von Sucht und Abhängigkeit. Menschen, die angeturnt werden durch eine bestimmte Art von Sprache und durch einen endlosen Versuch, ihr Selbstbild krampfhaft aufrechtzuerhalten. Menschen, die es zum Beispiel nötig haben, sich selbst als gut oder gerettet oder bekehrt zu betrachten. Sie rennen zu Jesus und sagen *„Guter*

Meister", und seine Antwort ist: „*Warum nennst du mich gut?"* (Mark. 10,18)
Jesus hat nicht das Bedürfnis, sein Selbstbild zu verteidigen. Ein Großteil der Religion ist nichts anderes als der Versuch, das eigene Selbstbild aufrechtzuhalten, aber es ist keine echte Suche nach Gott. Solange wir in unserem privatisierten, eingekapselten Ego gefangen sind, können wir nichts anderes tun. Deswegen müssen wir irgendwie frei werden, aber das schaffen wir nicht alleine, sondern es widerfährt uns. Alles, was wir lernen können, ist loslassen. Und wir müssen beten: „Herr, zeig mir, wie ich loslassen kann." Wir haben nur gelernt, etwas festzuhalten.
Für Anne Wilson Schaef gibt es *eine* Sucht, die alle diese ganzen privaten Süchte und Abhängigkeiten gleichsam wie ein Regenschirm überspannt: Unsere Hauptabhängigkeit ist die *Abhängigkeit vom System*. Unsere Hauptabhängigkeit ist die Abhängigkeit von unseren geheiligten Erklärungen. Könnte es eine Welt geben, die nicht auf Konkurrenzkampf aufbaut? Das können wir uns nicht vorstellen. Und das zeigt, wie abhängig wir von diesem System sind! Könnte es eine Welt geben, die nicht auf Macht aufgebaut ist? Wir können uns das nicht vorstellen. Und das zeigt, wie abhängig wir sind. Könnte es eine Welt geben, die nicht auf Geld und auf Kontrolle aufgebaut ist? Könnte es eine Welt geben, die nicht auf Militarismus aufbaut? Wir müssen die Bergpredigt aus dem Fenster schmeißen, weil wir alle süchtig sind im Blick auf andere Erklärungen der Welt.
In ihrem ersten Buch nannte die Autorin das System noch vorsichtig das „System des weißen Mannes" (natürlich hat sie daraufhin viele wütende Briefe von weißen Männern bekommen . . .). Deswegen hat sie in ihrem zweiten Buch gesagt: Ich nenne es nicht mehr das „System des weißen Mannes", ich nenne es jetzt das „Suchtsystem". Aber es sind in erster Linie weiße Männer, die davon profitieren. Es sind in erster Linie weiße Männer, die die Regeln dafür festgelegt haben. Dieses System arbeitet zu ihrem Vorteil. Und ich muß das sagen, weil ich ein weißer Mann bin. Ich komme aus einem Land, das sich für das beste Land der Welt hält. Ich gehöre zu dem Geschlecht, das sich für das mächtigere und intelligentere hält. Ich habe viele Jahre das Bildungssystem durchlaufen. Ich bin ein geweihter Priester. Das heißt, ich stehe ganz oben an der Spitze der Pyramide. Oft geht es mir durch den Kopf:

Wie kann ich eigentlich überhaupt das Evangelium verstehen? Denn das Evangelium wird – wie Franz von Assisi sagt – am besten verstanden, wenn man unten ist, und nicht, wenn man oben ist. Gerade deswegen bin ich so vorbelastet und stehe geradezu unter einem Zwang, das hier zu sagen. Wenn eine Frau aufstehen würde, um dasselbe zu sagen, würde man sie eine wütende Feministin nennen. Wenn ein Laie aufstehen würde, würde man sagen, der hat schlechte Erfahrungen mit dem Klerus gemacht. Wenn jemand aus einem anderen Land das sagen würde, würde man sagen, der ist eben anti-amerikanisch oder anti-kapitalistisch. Deswegen muß *ich* es sagen.

Die Autorin schreibt weiter: Das Suchtsystem wird von fünf Mythen untermauert. Solange wir diesen fünf Mythen nicht ins Auge sehen, fangen wir nicht an, von der Gesellschaft frei zu werden, denn wir sind abhängig von unserem Weltbild.

Der erste Mythos lautet folgendermaßen: Es gibt nur das männliche System. Unser Weltbild ist der einzige vernünftige Weg, die Wirklichkeit zu betrachten; alle einigermaßen intelligenten und klugen Leute denken genauso. Und ich glaube, bevor wir nicht so bekehrt sind, daß wir unseren eigenen Standpunkt verlassen können, denken wir alle irgendwie so. Das nennt man Narzißmus oder kulturelle, gesellschaftliche Arroganz. Das biblische Wort dafür heißt Blindheit. Jesus z. B. unterstellt reichen Leuten nie, daß sie absichtlich böse oder niederträchtig sind. Er sagt nur: Sie sind blind, sie können nicht sehen. Der reiche Mann kann nicht sehen, daß Lazarus die Krümel vor seiner Tür ißt. Er läßt ihm sogar die Krümel (Luk. 16,19ff). Er ist ein wohltätiger Mensch, aber er versteht nichts von Gerechtigkeit. Die große Frage im geistlichen Leben ist immer die Frage von Blindheit und von Sehen. Und unser Gebet muß deshalb heißen: „Herr, hilf mir zu sehen. Laß mich sehen, wo die Dämonen wirklich sitzen. Und was das Dorf wirklich liebt."

Der zweite Mythos lautet, daß dieses System, unsere Art zu denken und zu leben, von Natur aus allen anderen Wegen überlegen ist, und deswegen seine Regeln und Gesetze für alle gelten müssen. Amerika zum Beispiel will die Welt wappnen für die Demokratie. Und sollte die Wahl nicht zu unseren Gunsten ausfallen, dann beschließen wir ein Handelsembargo gegen ein Land und schicken Geld, um die Wahl zu beeinflussen. Und wenn dann die Wahl so ausgeht, wie wir es wünschen, dann triumphieren wir über den „Sieg der Demokratie". In Amerika würde kein einziger klatschen, wenn ich das sage, weil alle in der eigenen Lüge gefangen sind. Und die Deutschen sollten eigentlich von allen Nationen der Welt die tiefste Einsicht darin haben, was es bedeutet, von gesellschaftlichen Lügen frei zu sein angesichts dessen, was das deutsche Volk in einem Jahrhundert durchgemacht hat. Trotzdem hat auch hier die Kirche keinen Ort der Freiheit gefunden, der wirklich einladend ist. Denn sehr oft hat die Kirche bis heute die gesellschaftlichen Lügen unterstützt, oft hat die Kirche die Lügen der Gesellschaft abgesegnet und eigentlich nur widergespiegelt statt wirkliche Erleuchtung zu sein.

Der dritte Mythos besteht darin, daß wir meinen, unser System sei allwissend, unsere Art zu denken und zu leben gäbe uns das Recht, die Wirklichkeit anderer Leute zu beurteilen. Weiße Männer wissen, was die Armen brauchen. Weiße Männer wissen, was Schwarze brauchen. Weiße Männer wissen, was Frauen brauchen. Bei so einer Haltung gibt es offensichtlich keine Möglichkeit der Umkehr und der Veränderung. Und deswegen wird in diesem Kontext unter „Bekehrung" etwas sehr Privates, Begrenztes, Individuelles oder Sakramentales verstanden. Ich kann meine innige Beziehung zum Herrn Jesus haben und darauf verzichten, ins „Dorf" zurückzugehen.

Der vierte Mythos lautet: Weil wir die Wahrheit haben, ist es für uns möglich, absolut logisch, rational und objektiv zu sein. Und wer mit uns nicht übereinstimmt, ist einfach nicht intelligent.

Und das führt zum fünften und zum schockierendsten der Mythen: Wenn die vier vorigen Mythen wahr sind, können wir selbst Gott sein, denn wir sind allmächtig und allwissend. Aber wenn du dich für Gott hältst, dann nennst du jeden einen Teufel, der dich kritisiert. Ich werde nie vergessen, liebe Schwestern und Brüder, daß es die religiösen Leute waren, die Jesus „Teufel" genannt haben (Joh. 8,48). Es waren nicht die Prostituierten, die Alkoholiker und die Steuereintreiber – die nannten ihn nicht Beelzebub; die kamen zu ihm, um geheilt zu werden. Sondern es waren die guten, braven, religiösen Leute, die ihr Selbstbild schützen wollten, die ihre Theologie aufrecht erhalten wollten, die ihre Kirchensysteme stabilisieren wollten. Manchmal ist es für uns Kleriker am schwersten, das Evangelium zu hören.

Manchmal ist es für uns sehr schwer, über Freiheit zu sprechen, denn vielleicht braucht ihr uns ja gar nicht. Manchmal glaube ich, daß das, was wir Pfarrer tun, in erster Linie mit der Sicherung unserer Arbeitsplätze zu tun hat. Wir dürfen es nicht zulassen, daß ihr von uns abhängig bleibt. Wir Kleriker müssen endlich auch den Mut haben, euch auf einen eigenen spirituellen Weg zu schicken, und zwar mit allen Risiken, die das für unsere Kirchensysteme beinhaltet. Natürlich werdet ihr dabei Fehler machen, aber wir machen die doch sowieso schon. Was verführt uns denn zu der Annahme, daß das, was wir bisher getan haben, so toll ist? Den Weg der Freiheit einzuschlagen, bedeutet immer, einen risikoreichen Weg zu gehen. Es bedeutet, das Risiko einzugehen, vielleicht etwas ganz Falsches zu machen. Es gibt immer das Risiko, Fehler zu machen. Aber was ist ein Fehler? Und was bedeutet ein Fehler auf dem spirituellen Weg?

Erfolg hat uns im geistlichen Leben sehr wenig zu lehren, doch Versagen und Mißerfolg ist ein großer Lehrmeister. Ständige Erfahrung sogenannter Bekehrung lehrt uns wenig, doch die Sünde ist eine große Lehrmeisterin. Wir lernen viel mehr von unserem Versagen als von unseren Erfolgen. Wir lernen viel mehr von unseren Schmerzen als vom Wohlfühlen. Wir lernen viel mehr vom Loslassen als vom Festhalten. Und die Aufgabe der Kirche ist es, euch auf diese Reise zu schicken; wo ihr die Wahrheit hier unten im Bauch kennenlernt und hier im Herzen kennt und auch hier im Kopf. Wo ihr sie sozusagen durch und durch kennt. Aber es ist nicht die Erfahrung oder das Wissen anderer, sondern es ist eure eigene Reise. Der Weg führt in die Freiheit, und er heißt: Letting go.

Auf diese Reise zu gehen können wir uns dann trauen, wenn wir gleichzeitig die Freiheit haben, als Brüder und Schwestern in seinem Namen zusammenzukommen. Und wenn man in dieser Gemeinschaft sein Herz miteinander teilt und wenn man versucht, herauszubekommen: Wie sieht es in mir wirklich aus: „Bin ich verrückt, bin ich völlig daneben?" Und wenn ihr euren Brüdern und Schwestern das Recht gebt zu sagen: „Ja, du spinnst." Wenn ihr sie fragen könnt: „Liebe ich Jesus oder bin ich nur in mich selbst verliebt?" Und wenn ihr ihnen das Recht gebt zu sagen: „Ja, du bist mehr in dich selbst verliebt." Das ist das Geheimnis der Kirche, da wird Kirche konkret. Und das ist wohl einer der Gründe, warum vor allem in der katholischen Kirche Gott immer weniger Priester beruft. Das zwingt uns, auf eine tiefere Ebene zu gehen, zu sehen, was Leben eigentlich ist, wie sich Leben ereignet, wie Leben miteinander geteilt wird.

1961 hat uns der Papst gebeten, 10 Prozent unseres Personals nach Lateinamerika zu schicken. Kein Mensch hat es gemacht. Selbst Leute, die behaupten, sie gehorchen dem Papst, haben es nicht gemacht. Als ich nach Lateinamerika kam, hat man mir gesagt: „Wir sind froh, daß sie damals keine Priester geschickt haben. Wenn die Priester gekommen wären, wäre es gelaufen wie immer. Das heißt nicht, daß wir keine Eucharistie feiern wollen, es heißt auch nicht, daß wir das Wort Gottes nicht gepredigt bekommen wollen. Aber wir waren gezwungen, selbst unseren Weg zu suchen, und jetzt haben wir in einem Land wie Brasilien zwischen 80 000 und 100 000 Basisgemeinden."

Jesus erneuert, wie mir scheint, die Kirche nicht von oben, sondern von unten. Die kleinen Gemeinschaften brauchen ein großes, universales Bild, sonst passiert es leicht, daß sie in billigen Liberalismus oder in die Ecke des New-Age-Denkens geraten; in Dinge, die geschichtlich wenig bewegen, weil es wieder nur um das privatisierte Selbst geht. Aber wenn wir umgekehrt nur die große Institution haben und nicht daneben die radikale kleine Gruppe von Jüngerinnen und Jüngern, dann wird aus der Institution ein kaltes, totes Skelett. Und das ist genau die Kirche, die viele von uns ausschließlich erlebt haben.

Ich komme aus der franziskanischen Tradition. Franz von Assisi hat die Kirche nicht als Rebell verlassen, sondern er hat in aller Stille am Rand der Stadt eine kleine Kapelle gebaut. Er hat gelernt, zu beten, er hat gelernt, sich hinzugeben, er hat gelernt, sich selbst loszulassen. Sein Leben redete prophetisch. Denn letztlich leben wir uns in ein neues Denken hinein, aber wir im Westen haben immer gedacht, wir könnten uns in ein neues Leben hineindenken. Ich möchte das Ganze nicht theoretisch betreiben, sondern Sie müssen selbst aktiv werden, Sie müssen eine Entscheidung treffen, Sie müssen mit Ihren eigenen Füßen irgendwohin laufen, wo sie noch nicht waren – an einen neuen Ort. Sie müssen die Welt verlassen, in der Sie selbst die Nummer eins sind. Sie müssen die Welt verlassen, in der Sie alles in der Hand haben. Sie müssen die Welt verlassen, wo jeder Sie gern hat. In eine Welt hinein, wo Sie arm und machtlos sind. Und dort, an diesem Ort, werden Sie bekehrt werden trotz Ihrer selbst. Oft ist es so, daß die Leute, zu denen wir hingegangen sind, um sie zu bekehren, am Ende uns bekehrt haben. Wenn wir wirklich die Freiheit haben, ihren Schmerz anzunehmen. Wenn wir ihr Leiden wirklich in uns aufnehmen. Und ich denke, genau darum geht es beim heilenden Handeln Jesu. Jesus macht aus den Leuten keine Lutheraner und keine Katholiken, sondern er berührt den menschlichen Schmerz. Und Menschen, die zwischen den Gräbern leben, erleben plötzlich durch Jesus, daß sie von diesem Schmerz befreit werden.

All dies, was ich sage, wird nicht dadurch gelöst, daß wir uns darüber Gedanken machen. Seit zwanzig Jahren predige ich in der ganzen Welt – die Predigten von Priestern und Pfarrern bekehren niemanden. Überlegen Sie einmal, wie viele Predigten Sie in Ihrem Leben schon gehört haben. Die *Umstände* bekehren Menschen! Sie müssen sich selbst in neue Umstände begeben, so daß die Realität wirklich an Sie heran kann, denn dort hat sich Jesus verborgen: im menschlichen Fleisch. Christus kommt immer auf einem Esel in die Welt, Christus kommt immer als Bettler in die Welt (Mutter Teresa nennt das „seine ärgerlichste Verkleidung"). Aber wir hätten ihn so gern in der Kirche, wir hätten ihn so gerne in unserer Theologie, wir hätten es so gerne, daß er in warmen, schönen Erlebnissen ist. Natürlich ist er auch da, aber das bekehrt uns nicht. Sondern es sind die Kleinen und Armen, die uns bekehren.

Deswegen sagt Jesus in Matthäus 25,31 ff, wir würden nach einer einzigen Sache beurteilt werden. Jesus definiert Freiheit unglaublich konkret; das hat überhaupt nichts Philosophisches, es hat überhaupt nichts mit konservativ oder liberal zu tun, es geht nicht darum, ob man recht oder unrecht hat, sondern entweder man tut es oder man tut es nicht. Er sagt: „Nur eines müßt Ihr tun. Ihr müßt die Freiheit haben, Christus dort zu erkennen, wo Ihr ihn nicht erwartet habt, sonst seid Ihr nicht frei. Und Ihr werdet aufgrund einer einzigen Frage beurteilt werden: *„Konntet Ihr Christus in den Geringsten Eurer Schwestern und Brüder erkennen?"* Die Leute fragen: *„Wann haben wir dich durstig und hungrig und nackt gesehen?"* Offensichtlich wußten diejenigen, die das getan haben, gar nicht, daß sie Christus begegnet sind. Sie haben es nicht für Jesus getan, sie haben es einfach getan. Sie haben nicht einmal davon gesprochen, eine persönliche Beziehung zu Jesus Christus zu haben. Bitte vergeben Sie mir, wenn Sie das ärgert, aber so steht es in Matthäus 25. Ich hoffe natürlich, Sie haben eine persönliche Beziehung zu Jesus Christus; aber es gibt Menschen, die keine solche Beziehung haben und trotzdem die Wahrheit Christi tun, ohne diese Worte zu kennen. Und viele von uns kennen diese Worte, tun aber die Wahrheit nicht. Die Wahrheit wird nicht gewußt, sondern getan. Wir tun die Wahrheit. Und dann entdecken wir Christus an einem Ort, wo wir ihn nie vermutet hätten. Bevor diese Verwandlung nicht passiert, können wir uns nicht frei nennen. Und ich möchte noch einmal wiederholen: Dies alles ist nichts, was wir uns vornehmen können, was wir machen können, sondern es widerfährt uns. Das einzige, was wir machen können, ist uns selbst aus dem Weg zu schaffen. Nehmt euch nicht so ernst! Laßt uns leer und offen und bereit sein; dann wird Christus selber unser Lehrer sein.

Fragen und Antworten

Es hat mich sehr gestört, daß Sie unser Wirtschaftssystem so undifferenziert dargestellt haben. Kennen Sie in der Praxis ein Wirtschaftssystem, das sozialer ist als das unsere? In der Utopie kann ich mir auch vieles anders und besser vorstellen.

Es ist nicht so, daß das kapitalistische System keinerlei Wert hätte. Das Evangelium befreit uns aber davon, welches System auch immer zu vergötzen. Wir müssen die Freiheit haben, die dunkle Seite des Kapitalismus zu sehen. Würde ich in einem anderen Wirtschaftssystem predigen, müßte ich genauso Kritik üben, aber Sie müssen hier von mir nichts über die dunkle Seite des Sozialismus hören. Das Evangelium muß immer im Kontext unseres eigenen Risikos gepredigt werden, in einer Falle zu stecken – und die ist bei uns im Kapitalismus eine andere als im Sozialismus.
Wenn ich das Neue Testament lese, habe ich nicht den Eindruck, daß Jesus einen konkreten Sozialplan hatte, der weit über das hinausgegangen wäre, was ich *Nicht-Götzendienst* oder *Loslassen* nenne. Jesus befreit uns von uns selbst und von unseren Illusionen, so daß echte Gemeinschaft möglich wird. Aber ich kann niemals erwarten, daß irgendein Nationalstaat so etwas versteht.

Viel zu lange haben wir unser Heil vom Nationalstaat erwartet, aber das ist nicht seine Aufgabe. Der Papst sagt in seiner neuen Enzyklika, in der er über Kapitalismus und Kommunismus redet, daß beide totalitäre Systeme sind, beide korrupt sind und beide die Dritte Welt ausbeuten. Obwohl der Papst das gesagt hat, hört man diese Ansicht in katholischen Kirchen selten. Denn wir sind daran gewöhnt, daß die Kirche sagt, der Sozialismus sei falsch; aber wir möchten nicht, daß die Kirche die dunkle Seite des Kapitalismus aufdeckt. Das war hier meine Absicht. Ich will Sie damit aber nicht in eine Falle laufen lassen, sondern zu Ihrer Befreiung beitragen. Sie haben nichts zu verlieren, es sei denn, Sie sind süchtig. Aber wenn Sie süchtig und abhängig sind, dann haben Sie viel zu verlieren.

Wo bleiben denn die Frauen, wenn es um Befreiung geht?

Am Sonntag werden wir in das Thema tiefer einsteigen, deswegen nur so viel: Ich finde es aufregend, daß in unserer Zeit endlich das Evangelium durch andere Augen gelesen wird als nur durch die Augen weißer, theologisch gebildeter Männer. Und daß diese anderen Augen zu ganz anderen Einsichten gelangen – mit derselben Bibel, über die wir jahrhundertelang sinnlose Streitereien geführt haben! Für mich gibt es vier wichtige neue Auslegungen der Bibel: Die erste ist, die Bibel mit den Augen der *Frauen* zu lesen. Frauen stellen normalerweise nicht sofort Fragen nach Macht und Kontrolle. Zweitens die Lektüre der Bibel durch die Augen der *Armen*. Am Anfang dieses Jahrhunderts befanden sich 70 Prozent aller Christen in Nordamerika und in Europa. In zehn Jahren wird es genau umgekehrt sein: 70 Prozent der Christen werden im Jahr 2000 in der Dritten Welt leben. Und darin liegt eine große Hoffnung für die Bekehrung der Kirche. Die dritte Auslegung ist die Auslegung durch die *Gemeinschaft* anstatt der uferlosen individualistischen Deutungen des wohlhabenden Westens. Das habe ich vor allem in Afrika kennengelernt, aber auch in anderen Ländern, wo die Menschen immer noch als Gruppe, als Stamm, als Volk denken. Sie fragen zum Beispiel zuerst: Wie kann es dem ganzen Stamm gutgehen? Und nicht: Wie kann *ich* gerettet werden? Man sieht das bei Südafrikanern schon daran, wie sie sich bewegen. Sie leben Schulter an Schulter, wir leben Auge in Auge. Das ist eine ganz andere Art zu leben, und diese

Menschen werden das Evangelium vollkommen anders lesen. Und die vierte neue Sehweise ist das Lesen der Bibel mit den Augen der *Mystiker*, mit den Augen der Kontemplativen. Sie findet man auf der ganzen Welt, aber am natürlichsten scheint das für die Menschen in Asien zu sein. Ich denke, die Gabe, die heute Europa und Nordamerika in erster Linie anzubieten hat, ist die Bibelauslegung durch die Frauen. Und teilweise versuche ich in meinem Buch „Der Wilde Mann" Männer zu ermutigen, ihre Wirklichkeit auch mit den Augen der Frauen zu betrachten. Paradoxerweise macht sie gerade das zu „Wilden Männern".

Sie sagten, daß wir von unserem Selbst befreit werden und daß wir uns selbst nicht so ernst nehmen sollen. Soweit ich das erfahren habe, nimmt Gott mich als Person ernst und darum werde ich fähig zur Gemeinschaft. Sehen Sie das anders?

Sie haben das Paradox beim Namen genannt. Ich bin überzeugt, daß echte Spiritualität immer paradox ist. Ich bin sogar der Meinung, daß jede einfache Weisheit, die nicht einen gewissen paradoxen Charakter hat, Mißtrauen verdient. Sie haben natürlich recht: Gott nimmt mich sehr ernst. Das befreit mich aber von der Last, diese Aufgabe selbst erledigen zu müssen. Vielleicht ist es ein Problem der Semantik, aber ich kann sagen: Ich nehme mich sehr ernst und gleichzeitig nicht sehr ernst. Und beides ist im selben Augenblick ganz und gar wahr.

Mir hat gefallen, daß du sagst, daß wir nicht von Predigten, sondern von den Umständen bekehrt werden. Aber in der lutherischen Tradition ist nach wie vor die Predigt das Zentrum des christlichen Lebens. Das ist alles sehr gut organisiert, wie die Kirche aufgebaut ist, das ist nicht zufällig. Kannst du uns sagen, wie wir das System verändern können, wie wir leben können, damit wir mehr Kontakt zu den Armen und zu den Leuten am Rand bekommen?

Wenn ich als Katholik so sprechen darf, dann glaube ich, daß die dunkle Seite des Protestantismus darin besteht, daß er zu sehr in der linken Gehirnhälfte gefangen ist. Die Kanzel wird inthronisiert als Zentrum des Kirchenraums, um das *Wort* Gottes ins Zentrum zu rücken. Das ist ein gutes theologisches Anliegen, aber gleichzeitig hat dies auch die linke Gehirnhälfte vergötzt und auf den Thron gesetzt. Es hat uns den Eindruck vermittelt, wir könnten die Welt durch Worte vereinen. Das ist absurd. Wir werden niemals alle denselben Worten zustimmen – und deswegen wurde ja das Wort Fleisch. Dem Wort hat es nicht gereicht, Wort zu bleiben, es mußte Fleisch werden. Und wir Christen nehmen immer noch Anstoß an der Inkarnation. Seit 1981 ist es wissenschaftlich erwiesen, daß es in unseren Gehirnen zwei Hemisphären gibt mit zwei ganz unterschiedlichen Funktionen. Das muß ich vor allem deswegen betonen, weil ich in Deutschland bin. Die deutschsprachigen Nationen sind am meisten von der linken Gehirnhälfte beeinflußt.

Die linke Gehirnhälfte analysiert die Realität. Sie bleibt im Gehirn und geht nie darüber hinaus. Sie glaubt, daß die Kenntnis und Deutung aller Einzelaspekte genügt, um das Ganze verstehen zu können. Diese Weltsicht lebt vom Entweder-Oder. Die linke Gehirnhälfte kann mit Paradoxien überhaupt nichts anfangen, kann keine Widersprüche aushalten. Die rechte Gehirnhälfte ist genau das Gegenteil. Die rechte Gehirnhälfte erkennt die Wirklichkeit durch Synthese. Sie schließt vom Verstehen des Ganzen zurück auf die Teile. Und sie erkennt die Wirklichkeit durch Symbole und Bilder. Es geht der rechten Gehirnhälfte um Dinge wie Sakramente, Gesang oder Kunst. Und natürlich sind beide Hirnhälften „wahr". Aber sie sind nur dann wahr, wenn Sie auch der Gegenseite erlauben, wahr zu sein. Und deswegen sind sie miteinander verbunden. Aber in den letzten tausend Jahren haben wir die rechte Gehirnhälfte immer mehr vernachlässigt. Das ist der Grund für die Ausbreitung des „Systems des Weißen Mannes". Dieses System hat eine innere Logik, die seiner Selbsterhaltung dient.

Jesus aber ist viel ganzheitlicher. Er spricht und er handelt. Dann redet er wieder und handelt wieder. Er berührt, er erfährt und lebt Wirklichkeit auch körperlich. Er begibt sich zum Beispiel in die heidnische, nicht-jüdische Welt, und erlaubt es einer syrophönizischen Frau, ihm zu sagen, daß er im Unrecht ist. Er ist bereit, sich etwas sagen zu lassen. Er ist bereit, sich bekehren zu lassen. Er hat eine Theologie des Fleisches.

Ich glaube, daß die linke und die rechte Gehirnhälfte beide wunderbare Gaben sind, aber nur wenn sie gemeinsam zu einer ganzheitlicheren Sicht der Wirklichkeit führen. Das ist der Fall, wenn wir Entscheidungen fällen, handeln, uns auf ganz verschiedene Positionen einlassen. Das kann zum Beispiel heißen, daß wir einen solidarischen Schritt hin zu denen machen, die geistig behindert sind. Das kann zum Beispiel bedeuten, daß wir uns auf den Schmerz und die Einsamkeit der Alten einlassen. Es kann zum Beispiel bedeuten, daß wir uns auf AIDS-Patienten einlassen. Irgendwie müssen wir aus unserer eigenen Welt heraus, damit für den Schmerz eines anderen Platz ist. Das werden wir nicht durch logisches Nachdenken erreichen. Und unser Ego wird tausend Entschuldigungen finden, warum wir dazu noch nicht bereit sind. Aber Glauben bedeutet, das wegzugeben, wovon wir meinen, wir hätten es gar nicht. Deswegen ist es Glaube.

Entdeckst Du Deine deutschen Ahnen, wenn Du so mit der linken Hirnhälfte agierst?

Paradoxerweise muß ich selbst von der linken Hirnhemisphäre her sprechen, um Menschen zu helfen, sich von dieser Seite zu lösen – so wie Moses in der Wüste die Schlange hochgehalten hat für die, die von der Schlange gebissen worden sind. Ich gebe aber zu, auch ich bin ein „linkshirniger" Deutscher: Das ist meine Gabe und mein Kreuz. Für mich war es zum Beispiel wichtig, daß ich zunächst in einer Kommunität mit *Frauen und Kindern* gelebt habe, und daß ich jetzt in New Mexico bei den *Indianern* lebe. Diese beiden Erfahrungen haben mir geholfen, etwas mehr auf die andere Seite zu kommen.

Würden Sie auch etwas über die dunkle Seite des Katholizismus sagen?

Ich habe in Amerika ein Buch geschrieben mit dem Titel: „Warum katholisch sein?" Das zweite Kapitel heißt „Die dunkle Seite des Katholizismus". Die Leute haben das Buch natürlich nur gekauft, um das zweite Kapitel zu lesen. Ich glaube, die dunkle Seite des Katholizismus ist sein *Triumphalismus*, eine übertriebene Faszination von der eigenen Vergangenheit, die weitgehend europäisch war. Obwohl sie sich katholisch nennt, also allumfassend, ist die katholische Kirche in Wirklichkeit bis zum heutigen Tag vor allem eine europäische Kirche geblieben. Die dunkle Seite des Katholizismus ist die Weigerung, *wirklich* katholisch zu sein, die Weigerung, eine wirklich universale Kirche zu sein. Die katholische

Kirche geht immer wieder in die Falle gesellschaftlicher Vorurteile. Und weil die katholische Kirche ihre Basis in Europa hat, ist auch die katholische Kirche sehr rasch in der linken Gehirnhälfte gefangen. Sie hat allerdings einen Vorteil gegenüber dem Protestantismus: Sie hat eine Vergangenheit, die holistisch war, und an die sie anknüpfen kann; zum Beispiel an die Zeit, als die wunderbaren mittelalterlichen Kathedralen gebaut wurden oder als es in der Kirche Mysterienspiele gab, als die Kirche etwas von Musik und Kunst verstand und kontemplative Mystiker hervorbrachte. Aber größtenteils hat die katholische Kirche all das verloren. Zumindest jedoch ist es in unserer Erinnerung noch vorhanden.

Sie haben viel von Freiheit und Loslassen geredet. Ich sehe da die Gefahr, daß wir dann auf einem anderen Weg doch wieder zu einer Sucht der Menschen kommen: Zur Mär von der Unabhängigkeit jedes Menschen. Ich glaube, daß Jesus Fleisch geworden ist, weil er genau weiß, daß Freiheit eigentlich in erster Linie das Anerkennen der Abhängigkeit bedeutet.

Wenn ich Sie richtig verstehe, dann sagen Sie etwas sehr Wichtiges. Deswegen wollte ich etwas über das Geheimnis der Machtlosigkeit sagen und über das Geheimnis der Kirche. Ich glaube, einer der Gründe, warum die 12-Schritte-Programme der anonymen Gruppen so viel Zulauf haben, ist, daß der erste Schritt sinngemäß lautet: „Ich gebe vor mir selbst zu, daß ich machtlos und unfähig bin, mein eigenes Leben in die Hand zu nehmen." Die LehrmeisterInnen dieser 12-Schritte-Programme fordern von den TeilnehmerInnen, daß sie ihr Leben nicht nur der gesamten Gruppe (z. B. anderen AlkoholikerInnen) ausliefern, sondern auch demjenigen, was in den Programmen „eine höhere Macht" genannt wird. Ich wäre sehr enttäuscht, wenn Sie meine Worte als Aufforderung zum Individualismus interpretieren würden. Individualismus würde noch mehr Neurotiker erzeugen. Dann würde ich in meiner eigenen Privatseele die ganze Last meiner Güte und meiner Schlechtigkeit tragen. Aber die Lehre vom Leib Christi befreit mich genau davon. *Ihr* seid für mich gut – und *ihr* seid für mich schlecht. Das zeigt sich in unserer biblischen Geschichte daran, wie das ganze Dorf an der Gefangenschaft eines einzelnen partizipiert, aber zugleich die Möglichkeit hätte, an seiner Befreiung zu partizipieren.

Was meinen Sie mit der Bekehrung durch die Umstände? Zum Beispiel in der Geschichte vom Gefesselten: Er wurde nicht von den Umständen bekehrt, sondern durch Christus.

Es ist ganz klar, daß es schließlich und endlich die Gnade Christi ist, die uns befreit. Es ist das Erlebnis bedingungsloser Liebe, das uns wirklich freimacht. Aber erst mal müssen wir uns überhaupt in die Umstände begeben, die es dieser Liebe ermöglichen, an uns heranzukommen, so daß wir überhaupt das Bedürfnis nach dieser Liebe erleben und spüren – und zwar nicht nur privat und nicht nur emotional. Ich glaube, daß es gerade die Umstände waren, die den Mann zwischen den Gräbern bekehrt haben. Seine Erfahrung war es, ausgeschlossen zu sein. Der Schmerz, immer abgelehnt zu werden, war es, der ihn schließlich befähigte, sich wirklich nach Christus auszustrecken. Und deswegen hat Jesus oft gesagt, daß die Zöllner und die Trinker offener sind für das Reich Gottes als wir Theologen, die wir nur unsere Theorien im Kopf haben. Dieser Satz Jesu ist ein ewig gültiges Urteil und eine Warnung an uns, die wir den christlichen Glauben professionell betreiben: Es ist sehr gefährlich, „Berufs-Christ" zu sein und es ist auch gefährlich, von Bekehrungs- und Heilstheorien besessen zu sein. Ich glaube, Religion ist der sicherste Ort, um Gott zu vermeiden. Denn Gott will uns zur Hingabe führen, und viel zu oft gibt uns die Religion einen Anlaß, uns doch wieder nur selbst zu kontrollieren. Und das sind zwei völlig verschiedene Bewegungen: Selbstkontrolle ist eine andere Bewegung als Selbsthingabe. Echte Selbstkontrolle ist eine *Frucht* des Geistes, aber sie ist nicht die *Ursache* des Geistes.

Gott der Männer –
Gott der Frauen

*Predigt im Rahmen eines Kommentargottesdienstes
in St. Lorenz, Nürnberg, 18. März 1990*

*Alle Menschen hatten die gleiche Sprache und gebrauchten die gleichen Worte... Aber sie sagten zueinander: „Auf, bauen wir eine Stadt und einen Turm mit einer Spitze bis zum Himmel..." (1. Mose/Genesis 11,1.4)
Die Könige herrschen über ihre Völker, und die Mächtigen lassen sich Wohltäter nennen. Bei euch aber soll es nicht so sein. (Lukas 22,25 f.)*

Brauchen wir den ganzen „Weiberkram"?

Wir müßten wahrscheinlich die Frage nicht stellen, mit der ich meinen Kommentar überschrieben habe, wenn wir die Lektion dieser beiden Bibelstellen schon gelernt hätten. Diese Überschrift ist die Frage eines *Mannes*, der noch dazu weiß und akademisch gebildet ist, Mitglied der Mittelschicht und zu allem Überfluß auch noch römisch-katholischer Priester. Jeder dieser Faktoren für sich genommen verringert die Wahrscheinlichkeit, daß ich eine Antenne für „Weiberkram" – für die Frauensache – habe, die wirklichen Probleme wahrnehme, oder gar die Notwendigkeit verspüre, etwas zu verändern.
Wir weißen Männer hatten bisher alle Karten in der Hand. Wir haben bestimmt, welche Fragen wichtig sind und haben die Antworten gleich mitgeliefert – und zwar das gesamte christliche Zeitalter hindurch, mit Ausnahme jener wenigen goldenen Jahre, als Gott in Jesus armseliges Fleisch annahm. Er griff zwölf jüdische Männer heraus und versuchte ihnen beizubringen, wie sie Teil der Lösung sein könnten statt Teil des Problems. Leider ist das schiefgegangen. Männer haben weiterhin Türme gebaut und über andere geherrscht; „Weiberkram" hat da einfach nicht hineingepaßt. Das ist die Welt und die Kirche, in die ich hineingebo-

ren wurde. Immer noch und bis heute geht es in ihr häufig um Machterhalt und um die Logik des Status quo.
Deshalb sind wir größtenteils unfähig, den Kern der klaren Lehre Jesu zu verstehen, geschweige denn zu glauben. Armut, Sanftmut, Gewaltlosigkeit, Tränen, Gerechtigkeitsliebe, Barmherzigkeit, Herzensreinheit, Friedenstiften und Versöhnung, Verfolgung erleiden („glorreich verlieren können") – das sind die Begriffe, die am Anfang der Bergpredigt stehen. Versuchen Sie einmal, in einem „christlichen" Land eine Wahl zu gewinnen oder Bischof einer christlichen Kirche zu werden, wenn Sie diese Lehren ernstnehmen! Aber Jesus nannte diese Dinge schlicht und einfach die acht „Glückseligkeiten".
Offensichtlich ist für die christlichen Männer, die die Macht haben, Glück eine verzichtbare Größe. Wichtig und nötig scheint ihnen dagegen, daß die Welt in Machthaber und Machtlose eingeteilt werden kann. Das ist für alle, die oben sind, eine „gute" Ordnung – und Ordnung ist wichtiger als Glück. Unser Wort für diese Wirklichkeitssicht, die wie eine Sucht ist, ist *Patriarchat*, was soviel heißt wie *die Herrschaft der Väter*. Sie ist die Grundlage aller wesentlichen Beziehungssysteme der westlichen Welt. Aus patriarchalischer Sicht werden alle Beziehungen letztlich in den Kategorien von *Überlegenheit* und *Unterlegenheit* definiert, und das Hauptbedürfnis, nämlich das nach Ordnung und Kontrolle, wird durch stabile Herrschaftsstrukturen gewährleistet. Das klingt natürlich gar nicht so übel, wenn der Status quo zum eigenen Vorteil arbeitet. Aber das hat dazu gedient, Generationen lang andere Rassen, Völker und Berufsgruppen, die Frauen, sexuelle Minderheiten, Behinderte, Schwache und Alte zu ent-humanisieren und dadurch zu ent-spiritualisieren, weil die Machthaber einmal beschlossen hatten, daß alle diese Gruppen gesellschaftlich bedeutungslos sind.
Aber es ist nicht nur so, daß die Reichen und Mächtigen ihre eigenen dunklen Anteile auf solche Gruppen projizieren; solche Gruppen akzeptieren in der Regel auch diese Dunkelheit als ihren „wahren Wert". Das Schlimmste an dieser Form des Patriarchats besteht darin, daß weder der Unterdrücker noch die Unterdrückten fähig sind, geistlich zu wachsen. Die Mächtigen leugnen ihren eigenen Schatten und werden dadurch hoffnungslos aufgeblasen (Inflation des Ego). Die Machtlosen eignen sich fremde Schatten

an; dadurch wird ihnen mehr und mehr die eigene Luft genommen (Deflation des Ego). Beide verlieren. Deshalb ist das Patriarchat so schlimm. Das Patriarchat ist das Nervenzentrum einer umfassenden Weltsicht, die Ideale hat wie Konkurrenzkampf, Macht und Kontrolle (die Außenseite der Angst), und die mit einer Philosophie Mißbrauch treibt, die Parolen wie *Wer die Macht hat, hat recht*, oder *Friede durch Stärke* auf ihre Fahnen schreibt. Ohne seinen – selbstdefinierten – „Erfolg" und ohne Kontrolle weiß der Patriarch nicht, wer er ist. Viele von ihnen müßten sich eingestehen, daß ihnen das Leben ohne ihn nicht mehr lebenswert erschiene – was beweist, wie weit diese Sucht bereits fortgeschritten ist. Wir müssen einräumen, daß auch viele Frauen in diesem Sinn Patriarchen sind, zumindest ko-abhängige Mitglieder des männlichen Systems. Sie werden es manchmal sogar noch heftiger verteidigen als viele Männer. Man denke nur an Margaret Thatcher, Nancy Reagan und Imelda Marcos.

„Weiberkram" ist die verborgene Energie hinter fast allen Fragen nach sozialer Gerechtigkeit. Die Bewegungen für Gewaltlosigkeit und Abrüstung, für Obdachlose und Flüchtlinge, gegen die Ausbeutung der Erde und ihrer Ressourcen, gegen sexuellen und sonstigen physischen Mißbrauch, gegen die Vergötzung von Profit und die Abweisung der Armen – all das wird nicht aus der gegenwärtigen Sackgasse führen, bevor nicht die dahinterliegende Fixierung auf Macht, Prestige und Besitz als die Lüge entlarvt wird, die sie ist. Nicht zuletzt mit Hilfe der russischen *Perestroika*, des „Umbaus", haben wir endlich nicht mehr künstlich geschaffene Feinde vor Augen, sondern das echte Problem. Überrascht stellen wir fest, daß die Machteliten des Kommunismus genauso gegen Veränderung sind wie die Reichen und Mächtigen im Kapitalismus. Das bringt an den Tag, daß nicht Rußland oder der Kommunismus an sich der „Feind" ist, sondern daß es die Macht-Haber sind, die in *jedem* System ihre Privilegien sichern wollen. Pyramiden zu errichten fordert immer Opfer – ob es sich um die Hunderttausende von Sklaven handelt, die Grabmäler für die ägyptischen Pharaonen errichten mußten, oder um die jugendlichen Schlachtopfer, deren Herz den Göttern der Azteken dargebracht wurden, oder um die schlechtbezahlten Dienstboten in den Touristenhotels der Welt: Immer müssen sich die einen dafür hergeben, daß die anderen etwas „Besonderes" sein können.

Wenn dieser „Sonderstatus" einer Minderheit beweihräuchert und stabilisiert statt abgebaut und überwunden wird (wie Jesus es gelehrt hat), stehen wir vor der finsteren und destruktiven Seite der Macht. Jesus zielt auf den Nerv dieser Dinge, wenn er ehrliche zwischenmenschliche Beziehungen fördert und fordert, anstatt ein gestuftes System religiöser „Würdigkeit" zu stützen. Jesus schuf Kreise, keine Pyramiden. Was man ihm nicht verzeihen konnte (bis hin zur Konsequenz seiner Kreuzigung!), war die Tatsache, daß er die Zerstörung des heiligen Tempels ankündigte: *„Kein Stein wird auf dem anderen bleiben"* (Mark. 13,2). Jesus wußte, daß der Tempel, der nach Würdigkeitsgraden in verschiedene Bereiche eingeteilt war (Hohepriester, Priester, jüdische Männer, jüdische Frauen, Heiden), weniger ein Ort war, wo Gott Nummer eins war als vielmehr ein Ort, der dem Erhalt des Wirtschaftssystems diente und die Witwe mit ihrem „Scherflein" ausgrenzte. Deswegen nannte Jesus den Tempel bezeichnenderweise den „Schatz" (Lukas 21,12) und beging die unvergebbare Sünde, die Tische derer umzustoßen, die dort ihre Geschäfte trieben. Mit dem Tempel greift Jesus den letzten „Turm" des Judentums an und führt ein für allemal das Gleichheitsprinzip in die Religion ein. Aber wie der erste Priester Aaron haben wir Priester weiterhin goldene Kälber und Tempel errichtet. Für uns Priester und Pfarrer gilt weitgehend die Devise: „Was gut ist für die Religion, ist auch gut für Gott!" – „Falsch!" sagt Jesus.

Schon die eingangs erwähnte Sache mit dem Turmbau zu Babel zeigt, daß Gott die Einheitssprache der Männer durcheinanderbringen mußte. Sie hatten den Turm errichtet, *„damit wir uns einen Namen machen"* (1. Mose/Genesis 11,4). Hier begegnet uns ein Gott, der Menschen auseinanderbringt, wenn sie ihre Gemeinschaft falsch strukturiert haben. An Pfingsten revidiert Gott in einer frühen Art von Perestroika diesen Prozeß. Feuerzungen vereinen die verschiedenen Sprachen zu der einen universalen Sprache des Geistes, und alle hören, *„wie in ihrer Sprache die Wunder Gottes gerühmt werden"* (Apg. 2,11).

In Gottes neuem Volk, das aus Gottes Geist geboren ist, sind schließlich kommunikative Kreise, Netzwerke verschiedener Völker und echte Geschwisterlichkeit möglich. Es ist kein Zufall, daß der Geist, der bereits im Hebräischen *(ruach)* weiblich, also eigentlich eine „Geistin" ist, auch im Neuen Testament in einem weib-

lich-mütterlichen Bild dargestellt wird, wenn davon die Rede ist, daß wir *aus dem Geist geboren werden müssen* wie aus einem Mutterleib (Johannes 3,5-8). Unmittelbar nach dem Pfingstereignis und dem Geschenk des Pfingstgeistes erleben wir eine weitere Geburt mit: Die Geburt echter und aufrichtiger Gemeinschaft.
Mit „weiblicher Einsicht" meine ich die Freiheit, der Verwundbarkeit zu trauen; die Erkenntnis, daß Macht nicht die Quelle der Wahrheit ist, sondern daß es eher Ohnmachtserfahrungen sind, die zur Erkenntnis der Wahrheit führen können. Diese Einsicht ist eine Wiederentdeckung des Geistes Jesu. Eine sorgsam unterdrückte Wahrheit kommt endlich wieder ans Licht; ein letztlich politischer Aufruhr entsteht; unsere Weise, das Evangelium zu hören, durchläuft eine Art Reform, die eines Tages vielleicht auch zu einer Reform überkommener und überholter Kirchenstrukturen führen wird – und das alles aus einem intuitiven „Wissen" heraus, das geradezu körperlich lokalisierbar ist!
Der Vater Jesu ähnelt in erstaunlicher Weise dem, was die meisten Kulturen „Mutter" nennen würden. Im Gleichnis vom verlorenen Sohn (Luk. 15) gibt Jesus die umfassendste Darstellung dieses Vaters, den er Gott nennt. Dieser Vater ist das genaue Gegenteil des Patriarchen und weist seinen älteren Sohn zurück, als der auf Gesetz, Verdienst und Würdigkeit pocht. Dieser Vater erlaubt dem jüngsten Sohn nicht nur, sich gegen ihn zu entscheiden – er gibt ihm auch noch die Mittel dazu, indem er ihn ausbezahlt. Nach all den Verfehlungen des Sohnes weigert sich dieser Vater immer noch, Ordnung zu schaffen oder eine Buße zu verhängen, obwohl ihm der „verlorene" Sohn seine Dienste als Taglöhner anbietet. Sein Weggang *und* seine Heimkehr werden beide als notwendige – wenn auch schmerzliche – Akte reifender Freiheit gesehen. Der Vater tut dabei alles, um partnerschaftliche Gegenseitigkeit und beidseitige Verwundbarkeit zu ermöglichen. Dieser „neue" Vater weigert sich, uns anzubinden, unsere Unterwerfung zu fordern oder Rebellion zu ahnden. Gott Vater respektiert unsere Freiheit, trauert um unsere Entfremdung, wartet geduldig auf unsere Heimkehr und nimmt unsere Liebe als freiwilliges Geschenk an. Gott versucht, dem älteren Bruder – und mit ihm allen Jüngern, „die die Sicherheit des Gesetzes dem Abenteuer der Gnade vorziehen" – wie es die amerikanische Ordenstheologin und Neutestamentlerin Sandra Schneider ausdrückt – etwas von dieser

Haltung zu vermitteln. Sandra Schneider kommt zu dem treffenden Schluß: „Jene Macht, die Gott uns gegenüber gerade *nicht* in Anspruch nimmt, hat Gott gewiß auch keinem Menschen in die Hand gegeben" – natürlich auch nicht der Kirche, die sich immer am Bild des himmlischen Vaters orientieren muß.

All dieser „Weiberkram" ist nicht nur wichtig; er ist die andere Seite der Bekehrung, die andere Hälfte des Heils und der Ganzheit. Er erst bringt Gottes Kunstwerk zur Vollendung. Ich glaube, das Bild von der Frau in der Johannesoffenbarung (Kap. 12,2.14) spielt auf dieses Geheimnis an, wenn es dort heißt: *„Sie war schwanger und lag in Wehen und schrie laut im Schmerz der Geburt. . .Schließlich floh sie in die Wüste, bis ihre Zeit gekommen war."* Könnte das unsere Zeit sein? Ich glaube, sie *muß* es sein. Die Welt hat die Pentagons und Pyramiden, die Imperien und Konzerne gründlich satt, die das göttliche Kind abtreiben. Der Osten hat aufgehört, in unserem Spiel den Gegenpart zu übernehmen und redet die Sprache von Perestroika und Glasnost, die uns beunruhigt. Der Westen lebt von all den Befreiungsbewegungen, bei denen das Gewissen gefragt ist. In erster Linie handelt es sich dabei um Fragen der Rasse, der Sexualität und der Ökonomie, also um Prestige, Macht und Besitz. Selbst die Kirche entwickelt langsam genügend Demut, um zuzugeben, daß sie vor all dem Angst hat, was subjektiv und persönlich ist. Sie sieht langsam der Tatsache ihrer unheiligen Ehe mit den herrschenden Macht- und Unterdrückungssystemen ins Auge. Die Frau kehrt aus ihrem Wüstenasyl heim – und wird nie mehr dorthin zurückkehren! Zu viele von uns haben bereits die Gabe der Frau entdeckt. Die heilige Weisheit ist unter uns und eröffnet faszinierende Visionen: Wir *können* anders denken und leben.

Der „Weiberkram" ist sehr wichtig, wichtiger, als dieser weiße Priestermann, der vor Ihnen steht, je gedacht oder gewünscht hätte. Mein Gott war zu klein und zu maskulin. Jetzt weiß ich nicht, wie man mit einer Frau kämpft. Ich muß lernen – wir müssen lernen –, sie zu lieben, ihre Gaben zu erkennen und anzuerkennen und zu verstehen, daß sie Teil der menschlichen und der göttlichen Ganzheit ist. Vielleicht orientiert sich mein Optimismus im Blick auf die Zukunft zu sehr an der amerikanischen Situation. Aber wahrscheinlich sind wir der hiesigen Entwicklung nur um ein paar Jahre voraus.

Fragen und Antworten

Am Schluß haben Sie gesagt: Ich weiß nicht, wie man mit einer Frau kämpft. Das habe ich überhaupt nicht verstanden.

Ich gehe davon aus, daß echter Glaube etwas damit zu tun hat, mit Gott zu streiten, auch wenn es Leute gibt, die das nicht so sehen. Ich kenne die Spielregeln, wie man mit einem Mann streitet, aber ich verstehe weniger die Spielregeln, wie man mit einer Frau streitet. Das liegt sicher auch daran, daß ich unverheiratet bin.

Wie stehen Sie zum Gottesbild von Christa Mulack, die meint, daß im Christentum die Göttin fehlt?

Ich glaube an die Trinität. Aber trotzdem bin ich mit Christa Mulack einig, daß wir das mütterliche Gesicht Gottes finden müssen. Ich glaube, es ist sehr einfach, den Geist/die Geistin als weiblich anzusehen. Wir können auch sagen, daß die Kraft der Beziehung, die sich zwischen dem Vater und dem Sohn ereignet, etwas Weibliches ist. Ich glaube, in der christlichen Tradition gab es immer Menschen, die gerade durch das Gebet zum weiblichen Angesicht Gottes vorgestoßen sind. Das ist sicherlich eine der Möglichkeiten, um die mittelalterliche Marienverehrung richtig einzuordnen – oder auch spätere Frömmigkeitsformen wie die Verehrung des Herzens Jesu. Irgendwie haben wir immer unbewußt gespürt, daß unser Gottesbild zu männlich ist. Deshalb haben wir auf verschiedene Weisen versucht, auch dieses weibliche Gesicht Gottes zu verehren. Im ersten Buch Mose steht klipp und klar: Wir sind nach dem Bilde Gottes geschaffen, männlich *und* weiblich. Allein aufgrund dieses Verses sollte es selbstverständlich sein, daß Gott kein Mann ist, sondern daß Männer *und* Frauen das Bild Gottes spiegeln. Ich glaube allerdings nicht, daß wir deswegen die Lehre von der Trinität aufgeben müssen.

Richard Rohr, Rufer der Männer in der Wüste, glaubst Du wirklich, daß in den USA die 200 mächtigen Familien, die alles beherrschen, in der Milde und in der Schwäche ihr Ziel finden? Glaubst Du wirklich, daß die drei Millionen, die in den USA heimatlos hin- und herwandern, von den Mächtigen wirklich gefunden werden? Glaubst Du wirklich, daß Gott so stark ist in den USA, daß die Schwachheit siegt und nicht die Stärke?

Vater, Sohn und Heilige Geistin – Urschalling/Chiemgau 14. Jhd.

Wenn wir ein weiblicheres Angesicht Gottes hätten, hätten wir nicht die schrecklichen Probleme mit Autorität und Sexualität, mit denen wir uns in unserer Kirche und Kultur herumschlagen.

Du hast die richtige Frage auf den Punkt gebracht. Ich glaube, das ist einer der Gründe, warum Jesus so oft traurig gesagt hat: „*Wenn der Menschensohn zurückkehrt, wird er dann auf der Erde auch nur ein bißchen Glauben finden?*" Es war Jesus ganz klar, daß er immer eine Minderheitenposition vertreten würde. Er war sich klar, daß seine Gemeinschaft immer eine kleine Gruppe bleiben würde. Und trotzdem muß man sagen: In der ganzen Welt ist ein wachsendes Bewußtsein für die Würde des einzelnen Menschen zu spüren; es gibt ein wachsendes Mißtrauen gegenüber Macht, Diktatur und Unterdrückungsmechanismen. Aber Du hast recht: Unser Land ist auf eine Mythologie der Macht aufgebaut, und es wird sehr schwer sein, unser System zu ent-mächtigen. Amerika muß seinen eigenen Schatten erkennen, es muß eine Demütigung schmecken. Ich glaube, der Vietnam-Krieg war die Begegnung mit unserem Schatten, aber wir haben das zu schnell vergessen.

Können Sie als Katholik noch etwas mehr über Maria sagen?

Ich glaube, es ist wichtig, daß wir Maria *Mensch* sein lassen. Als Katholiken sind wir zu sehr in die andere Richung abgedriftet. Das Bild, daß Maria *eine von uns* ist, die in das göttliche Geheimnis hineingenommen wird, hilft uns eher, uns mit ihr zu identifizieren und ihre Haltung nachzuvollziehen. Dadurch wird sie viel eher zu einem anschaulichen Bild für die Kirche und für das Heil. Man kann jemanden auf den Sockel stellen und dadurch verhindern, daß eine echte Beziehung zu dieser Person zustande kommt. Wenn wir das mit Frauen machen, spricht man in der Psychologie vom „Madonna-Komplex". Wir stellen Maria auf einen so hohen Sockel, daß sie keine wirkliche Bedeutung und keine wirkliche Botschaft für uns hat. In Lateinamerika haben sie keine Schwierigkeiten damit, im Magnifikat zu entdecken, daß Maria eine Frau ist, die unten an der Basis mit ihnen für Befreiung kämpft. Das tut sie natürlich in ihrer Eigenschaft als arme Frau aus Nazareth – und nicht als die übergroße Muttergottes. Deswegen mache ich den Vorschlag, Maria als eine Frau zu lieben, die von Gott erwählt worden ist.

Die gesellschaftliche und politische Berufung der Christen (Markus 10)

Vortrag in der Alten Bibliothek, Gießen, 19. März 1990

Paulus sagt zu uns, das Wort Gottes ist ein vollkommener Spiegel der Freiheit. Ich glaube, die erste Aufgabe des Wortes Gottes besteht darin, uns mit uns selber, mit unserer Wahrheit zu konfrontieren. Und diese Konfrontation führt hoffentlich dazu, daß wir unser Leben verändern, daß wir unser Leben auf die große Wahrheit aufbauen, die Jesus das Reich Gottes nennt. Mir scheint, erst nachdem wir unser Leben verändert haben, verspricht das Evangelium auch Trost. Meiner Meinung nach ist es die große Gefahr eines wohlhabenden Christentums, daß wir diesen Prozeß genau umgekehrt haben. Zuerst lassen wir uns trösten, bevor wir überhaupt unser Leben verändert haben, bevor wir zugelassen haben, daß dieser vollkommene Spiegel der Freiheit uns mit uns selbst konfrontiert. Und deswegen bleibt unsere Religion so schizophren.
Unter den Christen gibt es Beter und Aktivisten. Die Aktivisten verstehen nichts vom Beten und aus dem Gebet der Frommen folgt keine Konsequenz. Daran leidet das gesamte Evangelium, denn keiner von beiden hat den ganzen Christus oder ist glaubwürdig. Unsere Bibeltexte heute werden erklären, wie unterschiedlich diese Leute berufen werden müssen. Im 10. Kapitel des Markusevangeliums kommen kurz hintereinander zwei verschiedene Berufungen vor, einmal die Berufung des reichen Jünglings und dann die Berufung des blinden Bartimäus. Zuerst der Abschnitt über Jesus und den reichen Jüngling (Mark. 10,17-27):
Als Jesus unterwegs war, kam ein Mann zu ihm gelaufen, kniete vor ihm nieder und fragte: „Guter Meister, was muß ich tun, um das ewige Leben zu erwerben?" Man bemerke, daß der reiche Mann sehr höflich, sehr ehrerbietig zu Jesus ist. Er versucht, Jesus durch Schmeichelei zu gewinnen. Aber wir merken sofort, daß Jesus auf diese Schmei-

chelei überhaupt nicht anspringt. Jesus erwidert das Kompliment nicht. Er kennt die Gefahr einer Sprache, die zu nett ist, einer Sprache, die sich den anderen in Wirklichkeit vom Leibe halten will. (Wir haben herausgefunden, daß das Wort ‚nett' kein einziges Mal im Neuen Testament steht. Aber das bürgerliche Christentum kreist ständig darum, ‚nett' zu sein.) *Jesus antwortet: „Warum nennst du mich gut? Keiner ist gut, sondern allein Gott."* Jesus weist gleich über sich hinaus: Ist das nicht interessant? Wenn wir sagen würden, Jesus war nicht gut, würde man uns als Ketzer behandeln. Aber Jesus mußte sich dieses Prädikat nicht selbst zulegen, sondern er wollte, daß sich die Menschen mit der Wirklichkeit auseinandersetzen, nicht mit irgendwelchen Idealen und Bildern. Bilder und Ideale erlauben uns, in uns selbst verliebt zu bleiben, doch Jesus möchte, daß wir in die Wahrheit verliebt sind. Deswegen fällt seine Antwort ziemlich schroff und nicht sehr verständnisvoll aus. Er zählt einfach die Zehn Gebote auf: *Du sollst nicht töten, Du sollst nicht ehebrechen, Du sollst nicht stehlen, Du sollst kein falsches Zeugnis sagen"* in der richtigen Reihenfolge der Gebote, wie wir sie kennen. Aber bevor er das vierte Gebot erwähnt, macht er noch einen kleinen Einwurf. Bevor er sagt: *Du sollst Vater und Mutter ehren*, sagt er: *Betrüge nicht*! Woher stammt das? Das ist keines der Zehn Gebote und es ist augenscheinlich, was er diesem jungen Mann vorhält. Der Jüngling gehört zu den Großgrundbesitzern und will sich natürlich sofort verteidigen, er will beweisen, daß er trotzdem – religiös gesehen – gerechtfertigt ist: *„Meister, ich habe diese Gebote seit meiner Kindheit alle befolgt."* Er hat gar nicht mitbekommen, daß Jesus den Satz eingefügt hat: „Betrüge nicht!"
Jesus sieht ihn geradewegs an und liebt ihn. Er weiß, daß Gerechtigkeit nicht möglich ist, bevor wir Liebe erlebt haben. Er weiß, daß die Sünde dieses Mannes im Grunde keine persönliche Sache ist, sondern tatsächlich eine Art objektives Problem, in dem er gefangen ist. Deswegen versucht er ihm zu sagen, wie er aus der Lüge, in der er steckt, herauskommen kann, wie er sein Leben wieder auf die Wahrheit gründen kann statt auf die Lüge.
Jesus sagt: „Dir fehlt noch eine Sache. Geh hin, verkaufe alles, was Du besitzt und gib das Geld den Armen. Das mußt Du machen, sonst wirst Du nicht frei. Denn Dein Geld baut auf einer Lüge auf und Du mußt Dein Leben auf die Wahrheit gründen. *Dann wirst Du*

einen Schatz im Himmel haben. Erst, wenn Du Dich dieser Herausforderung gestellt hast, *kannst Du kommen und mir nachfolgen."* Der reiche Jüngling ist persönlich kein schlechter Mensch, sondern er ist einfach Teil des Systems, zu dem er gehört. Und Jesus ruft ihn auf, sich von dem System, in dem er festhängt, zu distanzieren. Dies ist das einzige Beispiel im Markusevangelium von einem Menschen, der Jesus begegnet und der ein Nicht-Nachfolger und Nicht-Jünger wird. *Als der junge Mann diese Worte hört, wird er ganz mißmutig und geht in Trauer davon.* Warum? Die Antwort des Textes ist ganz klar: *weil er sehr reich war*. Wir merken, daß jedesmal, wenn Jesus diejenigen angreift, die Macht haben und die reich sind, er das nie in dem Sinne tut, als seien sie persönlich böse oder Menschen mit bösem Willen. Er will anscheinend eher aufzeigen, daß sie blind sind, daß sie nicht sehen können. Er sagt ihnen, daß sie dieses System verlassen müssen, weil sie sonst niemals sehen lernen.

Viel zu lange haben wir das Evangelium nur individualistisch verkündigt; wir haben gedacht, wir könnten eine persönliche Beziehung zu Christus haben, ohne die Systeme und Institutionen in Frage zu stellen, an denen wir partizipieren und zu denen wir gehören. In den ersten Jahren, als ich mit den jungen Leuten in Cincinnati gearbeitet habe, habe ich das Evangelium verkündet und die jungen Leute haben sich in Christus verliebt. Sie glaubten, daß sie bekehrt sind, daß sie gerettet sind. Aber dann habe ich sie ins amerikanische System zurückgeschickt und da zeigte sich: Die Bekehrung ging nicht besonders tief. Echte Evangelisation muß deswegen *gleichzeitig* eine gute Nachricht sein für den einzelnen wie für die Gesellschaft, für das System, für die Institution. Ich denke, der große blinde Fleck des europäischen und amerikanischen Christentums besteht darin, daß wir nicht sehen können, daß das Evangelium sich nicht nur an den einzelnen richtet, sondern auch an die Gesellschaft.

So werden von den Frauen, den Armen, den Basisgemeinschaften ganz andere Fragen gestellt, und ganz andere Antworten kommen zum Vorschein. Die eindeutige Botschaft eines Abschnitts, wie wir ihn gerade gelesen haben, können wir nicht mehr so leicht beiseite schieben, wie wir es bisher getan haben.

Vielleicht ist es so, daß sich die Armen lieber mit dem zweiten Teil des 10. Kapitels aus dem Markusevangelium beschäftigen, näm-

lich mit der Berufung des armen, blinden Bartimäus. Wir sehen hier ein Paradox: Bartimäus ist der Blinde, der nicht blind ist – im Gegensatz zum reichen Mann, der in Wirklichkeit arm ist. Zwischen diesen beiden Geschichten steht bei Markus eine einzige große Warnung Jesu vor dem Streben nach Macht, Reichtum und Prestige. In Amerika nennen wir das die drei großen Obsessionen: Macht, Prestige und Besitz. In der Bergpredigt steht ganz klar, daß genau das die drei großen Barrieren sind, die wir überwinden müssen, um Jesus zu verstehen und ins Reich Gottes zu gelangen. Aber im Christentum ist es uns entweder immer um ekklesiologische Fragen, um sakramentale Fragen, Fragen des Priestertums und natürlich immer um sexuelle Fragen gegangen – Fragen, mit denen sich Jesus so gut wie gar nicht beschäftigt hat.
Es scheint mir, als ob sich hier eine Art Milchglasscheibe zwischen uns und Jesus befinden würde: Wir schieben sie zwischen ihn und uns, damit wir die wirklichen Fragen nicht sehen müssen. Man nennt das eine Ablenkungstaktik, die wir wahrscheinlich in aller Unschuld und unbewußt wählen, denn unser Ego findet ungeheuer schlaue Wege, um sich selbst zu schützen. Unser Ego findet ungeheuer trickreiche Wege, um Hingabe zu vermeiden. Unser Ego findet unglaublich einfallsreiche Wege, um das Loslassen zu vermeiden – selbst wenn wir behaupten, daß wir an die absolute Autorität der Bibel glauben. Laßt uns alle ehrlich sein und zugeben, daß unsere Konfessionen allesamt immer nur selektiv gehorsam gewesen sind und nur bestimmte Bibelverse herausgepickt haben, die unser theologisches System bestätigt haben. Doch jedesmal, wenn sich Jesus mit den wirklichen Themen dieser Welt befaßt hat, nämlich mit Macht und mit Kontrolle und mit ökonomischen Fragen, die von uns wirkliche Veränderung erfordern würden (nicht nur Veränderungen im Kopf, sondern unseres gesamten Lebens), haben alle Konfessionen – durch die Bank – diese Lehren beiseite geschoben und ignoriert. Keiner von uns ist für den großen Christus, für den ganzen Christus bereit; keiner von uns ist für die Geschichte bereit, die Christus uns anbietet – ausgenommen arme und blinde Leute wie Bartimäus.
Sie kamen nach Jericho, und als Jesus mit seinen Jüngern und einer großen Menschenmenge Jericho verließ, saß ein blinder Bettler namens Bartimäus am Straßenrand. Und als er hörte, daß Jesus von Nazareth vorbeiging, begann er zu schreien: „Sohn des David, Jesus, erbarme dich

Der Schrei des blinden Bartimäus

Keiner von uns ist für die Geschichte bereit, die Christus uns anbietet – ausgenommen arme und blinde Leute wie Bartimäus.

meiner!" Viele Leute griffen ihn an und sagten ihm, er solle still sein. Aber er schrie nur noch lauter: „Sohn des David, erbarme dich meiner!"
Dieser arme Mann ist nicht höflich wie der Reiche. Er schreit, er unterbricht das Geschehen und wir sehen sofort, wie sich die Jünger darüber aufregen, denn er hält sich nicht an die angemessenen Regeln der Höflichkeit. Und wir sehen, wie sich seine Worte von den Worten des reichen Jünglings unterscheiden: Der reiche Jüngling fragt: „Wie kann ich *auch noch* das ewige Leben bekommen?" Es geht ihm immer um sich selbst; es ist zwar eine Art erleuchteter Egoismus, aber es ist immer noch Egoismus. Und ein großer Teil des Christentums hat sich bisher geweigert zuzugeben, wie egoistisch er eigentlich ist. Wir haben behauptet, Christus zu lieben, aber in Wirklichkeit war das nur eine Schutzbehauptung, hinter der wir unsere massiven Eigeninteressen versteckt haben. In Bartimäus sehen wir aber jemanden, der überhaupt nichts für sich selbst erbittet, sondern der einfach zweimal um Barmherzigkeit schreit. Er weiß, er ist leer. Er weiß, daß er nichts von dem hat, was er vielleicht haben sollte oder müßte.

Diesmal ist es Jesus, der auf ihn zugeht – umgekehrt als bei der ersten Geschichte. *Er sagte: „Bringt ihn zu mir." Sie sagten zu dem blinden Mann: „Faß dir ein Herz, steh auf, er ruft nach dir."* Sogar die Jünger sind überrascht darüber, daß Jesus offensichtlich an diesem völlig nutzlosen Menschen interessiert ist. Die Gestik dieses Blinden ist das genaue Gegenteil von der Gestik des reichen Jünglings: *Er ließ seine Decke fallen, sprang auf und ging auf Jesus zu.* Wir sehen hier keinen Mann, der sich absichert, sondern einen, der sich von Anfang an freigibt. Er springt voll Naivität, voll Torheit und voll jungenhaftem Enthusiasmus auf und Jesus fragt ihn: *„Was willst du, daß ich für dich tun soll?"* Diesmal ergreift Jesus die Initiative: Er weiß, diesem Mann kann er wirklich etwas geben – der reiche Jüngling war nicht offen dafür. Bei diesem Menschen hier ist eine Offenheit, eine Bereitschaft, eine Leere: Er ist nicht vollgestopft mit vorgefertigten Antworten, mit Theologie, sondern er ist voll von Leere, voll von Sehnsucht. *Und der Blinde sagt einfach: „Meister, laß mich sehen."*

Wir haben auf der einen Seite den reichen Mann, der denkt, er könne sehen, der aber in Wirklichkeit nichts sieht, und als Gegenbild dazu den blinden Mann, der nicht sehen kann und in Wirklichkeit sieht. *Jesus sagt: „Geh deinen Weg, dein Glaube hat dich gesundgemacht."* Er sagt nicht, deine Orthodoxie, deine rechte Lehre hat dich gesundgemacht, er sagt nicht, dein Gehorsam gegenüber den Geboten hat dich gesundgemacht. Dem reichen Jüngling liegt daran, Jesus zu beweisen, daß er alle Gebote befolgt hat. Wir haben keinen Beweis dafür, daß dieser blinde Mann in seinem Leben jemals etwas „richtig" gemacht hat, aber Jesus sagt: *„Geh, dein Glaube hat dich geheilt!" Und unmittelbar darauf konnte er sehen und er folgte Jesus auf dem Weg.* Und wir wissen, was dieser Weg bedeutet, wenn wir den nächsten Vers lesen, denn der erste Vers des 11. Kapitels sagt: *„Sie begaben sich auf den Weg nach Jerusalem."* Das hier ist kein sanftes Evangelium, sondern hier geht es ganz klar um den Kreuzweg, es geht ganz klar um einen Weg einer Nachfolge und Jüngerschaft, die dazu aufruft, das Leben hinzugeben und loszulassen.

Aber wir müssen ehrlich bekennen, daß das Evangelium auf vielerlei Weise von unserer Gesellschaft und Kultur in die Falle gelockt wurde. Das Evangelium wurde größtenteils in einer Kultur und Gesellschaft gehört, die ich eine Wohlstandsgesellschaft nenne. Es ist eine Gesellschaft, in der wir nicht nur immer mehr brauchen und immer mehr wollen, sondern in der wir immer mehr fordern und in der wir glauben, wir haben ein Recht, immer noch mehr zu bekommen. Unser gesamtes Selbstwertgefühl hängt daran, daß wir mehr bekommen, daß wir mehr machen und daß wir uns immer mehr steigern. Und deswegen ist die Geschichte des reichen Jünglings an unsere Adresse gerichtet.

Wenn wir durch die Evangelien gehen und sie lesen, merken wir, daß es bei Jesus immer hin und her geht: Einmal predigt er das Evangelium den Unterdrückern und ein anderes Mal den Unterdrückten. Einmal predigt er es den Siegern und einmal den Opfern. Für beide hat er eine völlig unterschiedliche Botschaft. Unglücklicherweise sind es die Sieger, die Starken, die ihn fast immer zurückweisen und ablehnen. Und es sind die Opfer dieser Welt, die ihn fast immer verstehen. Es sieht fast so aus, als müßten wir uns nach unten und an den Rand begeben, um überhaupt fähig zu werden, das Evangelium zu hören. Am Rand werden die sozialen und politischen Implikationen des Evangeliums ganz offensichtlich und klar. Dort erkennen wir, daß wir Jesus nicht dazu benutzen können, um unsere Position der Macht und des Reichtums zu verteidigen und aufrechtzuerhalten oder um für uns selbst ein positives Selbstbild als höfliche und anständige Menschen aufrechtzuerhalten.

Es könnte sein, daß Jesus uns an einen Ort führt, wo wir selber überhaupt nicht mehr wissen, ob wir heilig sind, wo wir nur noch wissen: wir müssen das tun, was wir tun müssen. Wo wir dem Wort gehorchen müssen, das wir in unserem Herzen gehört haben. Und oft gibt es nicht einmal die Befriedigung, daß wir im Recht sind, und es gibt fortan keine Sicherheit mehr, daß jedermann mit uns übereinstimmen wird. Vielleicht sagt Jesus deswegen: *„Wenn ihr mir nachfolgt, wird die Welt euch hassen."* (Joh. 15,19) Denn dieses Evangelium segnet das bestehende System nicht ab, sondern führt uns über dieses System hinaus an den Ort, wo wirkliche Freiheit ist. Und zwar so, daß wir in dieses System zurückkehren können, aber von diesem nicht mehr suchthaft abhängig sind. Daß wir wirklich in das Leiden und in die Probleme dieser Welt zurückkehren können, aber uns von den falschen Versprechungen dieser Welt nicht mehr verführen lassen.

Ich denke, ein Großteil der Lehre Jesu ist eine Kritik an der „Mammon-Krankheit". Jesus beschreibt die Mammon-Krankheit folgendermaßen: Die Person, die von dieser Krankheit befallen ist, ist ständig von Unruhe, Sorge und Angst getrieben, weil ihr die Gegenwart nicht genügt. Für einen Menschen jedoch, der in Christus gegründet ist, birgt die Gegenwart eine große Fülle, obwohl wir noch nicht im Reich Gottes leben. Genau das ist der Friede, den die Welt nicht geben kann, und der Friede, den uns die Welt nicht nehmen kann. Das ist die einzige wirkliche Gabe, die wir in das bestehende System einbringen können.

Kein politisches System, keine Welterklärung kann etwas anderes sein als eine Mischung aus Reich Gottes und aus Nicht-Reich Gottes. Natürlich ist es unsere Aufgabe, daß wir so viel wie möglich vom Reich Gottes in diese Welt tragen, aber kein soziales und staatliches System wird jemals identisch sein mit dem Reich Gottes. Wenn wir aber in der Fülle des Hier und Jetzt leben – und das ist das Geschenk, das wir mitgeliefert bekommen, wenn wir Christus erfahren –, dann rennen wir nicht mehr ängstlich herum, um eine letztgültige Welterklärung zu bekommen, sondern wir können unser Leben hingeben. Trotzdem ist es nicht der große Heilsplan.

Ich war vor sieben Jahren zusammen mit Jim Wallis in Deutschland. Wir haben damals sehr viel mit der Friedensbewegung gearbeitet und in vielen Teilen des Landes gepredigt ähnlich wie in den USA. Wir haben viele Aktionen gemacht, wir haben gebetet und wir haben die Fragen von Krieg und Frieden studiert. Nachdem wir das alles getan hatten, erschien plötzlich dieser Gorbatschow und die alten starren Fronten kamen in Bewegung. Auch wenn es scheint, als würde das „Neue Jerusalem" nun aus dem Himmel herabkommen, können wir nicht behaupten, daß unsere Arbeit das Kommen des „Neuen Jerusalems" hervorgebracht hat. Trotzdem mußten wir es machen. Denn warum sollte Gott uns etwas geben, was wir gar nicht wollen? Warum sollte Gott uns etwas geben, wofür wir nicht bereit sind, uns einzusetzen und zu arbeiten? Warum sollte Gott uns etwas geben, wofür wir höchstens beten, aber nie unser Leben einsetzen? Gott glaubt nicht an unsere Gebete allein. Deswegen tun wir unsere Arbeit, machen wir unsere Aktionen und warten gleichzeitig jeden Augenblick, daß das „Neue Jerusalem" aus heiterem Himmel kommt. Ich glaube, das ist das große Geheimnis der Mitschöpferschaft, zu dem Gott uns eingeladen hat. Die Mammon-Krankheit macht uns völlig taub und blind für die Wirklichkeit: Wir sind unfähig, den Schmerz der Welt mitzuleiden und mitzufühlen. Bevor wir nicht selber echte Liebe erlebt haben, sind wir unfähig, fremden Schmerz mitzufühlen.

Vor etwa zehn Jahren wurde ich in Cincinnati zu einer Familie eingeladen (es ist immer nett, wenn man den Pfarrer zum Abendbrot einlädt). Diese nette italienische Familie hatte drei reizende Kinder. Der Kleinste hieß Christopher und hatte große, braune Augen; er hatte gerade das Laufen gelernt. Nach dem Abendessen rannte er durchs Wohnzimmer und fiel die Treppe hinunter. Als wir keinen Laut, kein Weinen hörten, waren wir sehr besorgt, weil wir nicht wußten, ob er sich verletzt hatte. Also sind wir an die Treppe gerannt und unten lag der kleine Christopher am Boden. Und seine großen, braunen Augen schauten fragend seinen Vater an, der oben stand, als wollte er sagen: „Hab' ich mir wehgetan?" Der Vater rannte zu ihm hin, nahm ihn in die Arme und in dem Augenblick, wo die Arme seines Vaters ihn umfaßten, begann er zu schreien und zu weinen. Ich habe mich gefragt, warum dieser kleine Junge sieben Sekunden brauchte, bis er seinen Schmerz fühlte, aber im selben Augenblick fiel mir die Antwort ein (und gleichzeitig habe ich sofort gewußt, daß das einmal ein tolles Predigtbeispiel wird): Der kleine Junge konnte den Schmerz erst dann fühlen und zulassen, als er genug Sicherheit hatte, daß die Liebe da ist.

Mir scheint es so zu sein, daß eine Christin oder ein Christ ein Mensch ist, der die Freiheit hat, den Schmerz zu fühlen, der zum Menschsein gehört. Das heißt, ein Mensch, der die Freiheit hat, sich in solidarische Gemeinschaft mit dem Leiden der Welt zu begeben, und zwar genau deswegen, weil dieser Mensch sich der Liebe des Vaters gewiß ist. Ohne diese Liebe sind wir taub und unsere Gefühle sind abgestorben. Und wir können nicht das ganze Leben damit zubringen, krampfhaft zu versuchen, diese Liebe wieder zu erfahren, wir müssen die erste Stufe verlassen und müssen zu weiteren Stufen voranschreiten.

Das Problem mit so vielen Kirchen in unserem Land besteht darin, daß jeder Gottesdienst versucht, die Stufe Eins des Christseins zu produzieren. Und deswegen bringen wir keine erwachsenen und mündigen Christen hervor, sondern oft sehr kindische Christen, die mit ihren eigenen Gefühlen beschäftigt sind und mit sonst nichts. Die letzte Auswirkung der Mammon-Krankheit besteht darin, daß wir mit einem gespaltenen Bewußtsein leben, daß wir nicht fähig sind, Glauben und die Erfahrung des Menschseins wirklich zu integrieren. Glaube ist für Leute in der Geschäftswelt, in der Finanzwelt, in der Kommerzwelt, in der Versicherungswelt weder einleuchtend noch bequem. Liebe Geschwister, wenn das Geld nicht ganz explizit und mit allen Konsequenzen unter die Herrschaft Gottes kommt, wird es nicht sehr lange eine neutrale Größe bleiben, sondern selber die Herrschaft an sich reißen. Wenn wir von der Souveränität Gottes sprechen, dann ist das eine nominelle und ehrenhafte, aber keine wirkliche Souveränität Gottes, die Konsequenzen hat, die wirklich und frei agiert.

In Amerika gibt es das Sprichwort „Geld redet". Ich glaube, Geld ist überhaupt das einzige, was etwas zu sagen hat. Obwohl wir behaupten, Jesus ist der Herr, ist es offensichtlich, daß in Wirklichkeit Macht, Prestige und Besitz die Herren sind. Das hält uns natürlich von der Freiheit der wahren Kinder Gottes fern. Ich glaube nicht, daß es ein ganz bestimmtes Ziel gibt, auf das man sich um jeden Preis zubewegen muß, sondern Jesus gibt uns einen

Prozeß vor, er mutet uns eine Lebensweise zu, die er *Vergebung* nennt, die er *Nicht-Götzendienst* nennt, eine Lebensweise, zu der es gehört, seinen Feinden zu vergeben. Jesus gibt uns in erster Linie eine neue Art zu sehen vor, damit menschliche Gemeinschaft möglich wird. In dieser menschlichen Gemeinschaft werden wir die einzig mögliche Wahrheit auf Erden finden; aber ich maße mir nicht an, so schlau zu sein, daß ich wüßte, wie das konkret aussieht. Meine Aufgabe kann nur darin bestehen, das Reich Gottes hier und jetzt zu leben, aber nicht nur privat für mich, sondern in einer vernetzten, verbundenen Weise, d. h. in einer Weise, die meine Ökonomie, meine Finanzen und meine politische Einstellung beeinflußt, die beeinflußt, wie ich die Güter dieser Erde gebrauche: Das ist der Weg des Bartimäus. Es ist der Weg des Blinden, der in Wirklichkeit überhaupt nicht blind ist. Ich glaube, das Evangelium lädt uns alle ein, uns auf diesen Weg zu begeben.

Fragen und Antworten

Wie kann ich den Schmerz der Welt lindern, ohne Mammon zu haben?

Ich habe gesagt, wir müssen den Ort wirklicher Freiheit finden, von dem aus wir in die Welt zurückkehren können. Ich habe nicht gesagt, daß Jesus prinzipiell gegen Besitz ist – ich sagte, er ist gegen Götzendienst. Sobald wir uns *wirklich* vom Geld dieser Welt lossagen, haben wir die Freiheit, auch dieses Geld wieder zu benutzen und etwas Gutes damit zu tun. Wir müssen uns allerdings in dieser Frage immer wieder kritisch testen, damit wir uns nicht selbst betrügen. Es ist leicht, den Spruch aufzusagen: „Ich bin in der Welt, aber nicht von der Welt."
Wir müssen in sehr konkreter und sehr spezifischer Weise herausfinden, wie sehr wir zum Beispiel das Geld brauchen. Und erst wenn man uns das Geld wegnimmt, finden wir heraus, wie sehr wir von unserem Besitz besessen sind. Bitte glaubt nicht, daß das im Kopf stattfinden kann. Es war die volle Überzeugung meines Ordensvaters Franz von Assisi, daß Armut sehr konkrete Dimensionen annehmen muß und das auch ganz praktisch, wenn wir sehen, wie viele Milliarden Menschen auf diesem kleinen Planeten leben. Wir müssen sehr reale und realistische Wege finden,

um Geschwister dieser Menschen zu sein. Die Güter dieser Welt müssen natürlich verwendet werden, aber in einer Weise, die ehrlich ist, und in der das Teilen eine viel größere Rolle spielt.

Sie haben davon gesprochen, kein Wertesystem aus dem Geld zu machen. Aber wir sind ein Teil des Systems. Können Sie praktische Beispiele geben, wie wir dem System entfliehen können?

Zunächst einmal geht es um die Frage des Lebensstils. In Amerika gab es eine Frau namens Dorothy Day, die Gründerin der katholischen Arbeiterbewegung, und in ganz Amerika gibt es heute ihre Häuser für die Obdachlosen und die, die keine Heimat haben. Diese Frau lebte ein ganz armseliges Leben. Sie hat gesagt: Ich möchte mein Leben so weit unten leben, daß ich, wenn das System zusammenkracht, nicht weit hinunterfalle.

Je mehr wir natürlich ins System verstrickt sind, desto weniger Fragen können wir stellen. Ich frage mich zum Beispiel: Warum hat uns Jesus gesagt, wir sollen nicht schwören? Eine mögliche Interpretation besagt, daß jeder Schwur ein Versprechen ist, das wir einem System gegenüber machen; und wir müssen die Eide in Frage stellen, die wir gegenüber den Konzernen und den Armeen machen. Das ist keine Privatangelegenheit: genau das ist das Geheimnis der Kirche. Dieses Kreuz kann kein Mensch alleine tragen, nur wenn sich Gruppen von radikalen Jüngern und Jüngerinnen zusammentun, können sie eine Art Gegensystem schaffen, das dafür sorgt, daß sie weniger vom bisherigen System abhängig sind. Ich glaube, das ist einer der Gründe, warum viele von uns soviel Zeit damit verbracht haben, Kommunitäten und Lebensgemeinschaften aufzubauen. Lassen Sie mich mehr darüber sagen. Es war für mich eine traurige Erfahrung, daß die meisten dieser Kommunitäten wieder auseinandergefallen sind. Und trotzdem können wir nicht leugnen, daß diese verbindlichen Gemeinschaften eine wunderbare Schule für Tausende von Menschen gewesen sind. Diese Gemeinschaften haben bewirkt, daß es jetzt ein Netzwerk verbindlicher Beziehungen gibt, ein Netzwerk von kommunitären Menschen, von Menschen, die wissen, wie man mit anderen Verbindung aufnimmt, die wissen, wie man teilt, die loslassen können. Ich sage das, damit Sie selbst einen Beitrag dazu leisten, daß solche Netzwerke entstehen. Ohne solche Netzwerke gibt es keine praktikable Methode, woanders zu stehen.

Ich habe den Eindruck, daß es in Deutschland für Christinnen und Christen sehr schwierig ist, in der katholischen Kirche zu überleben, und daß Priester, die versuchen, radikal Jesus nachzufolgen, erfahren müssen, daß sie an den Rand gedrängt oder rausgeschmissen werden. Wie ist die Situation in Amerika für die katholische Kirche?

Es ist sehr interessant hierher zu kommen, weil die Situation in Europa anscheinend fast umgekehrt ist als in Amerika. Ich denke, wenn ich in Deutschland leben würde, wäre ich Protestant, aber in Amerika denken sehr viele Katholiken so wie ich. Vergeben Sie mir dieses Urteil, aber das Bild, das wir in Amerika von den Protestanten haben, ist, daß sie ziemlich dumm sind. Unsere Bischöfe in Amerika haben das Zweite Vatikanische Konzil mit seinen Reformen sehr ernst genommen. Sehr viele von uns wurden von Nonnen erzogen, die uns eine wundervolle, wichtige Erziehung gaben. Viele dieser Nonnen haben heute den Doktortitel, und genau diese Frauen, die wir früher als die guten, naiven, lieben Schwestern angeschaut haben, sind sehr radikal geworden. Wir hören immer noch auf diese Frauen, denn sie waren ja schon früher unsere Mütter und unsere Lehrerinnen, und wenn der Papst nach Amerika kommt, hat er Angst vor den Nonnen. (Das stimmt wirklich!)

Ich glaube, in Amerika ist die katholische Kirche sehr lebendig und sehr offen, aber wir hatten auch den Vorteil, daß wir sehr stark von der lateinamerikanischen Kirche beeinflußt wurden. Die Missionare sind nach Südamerika gegangen, aber jetzt ist es so, daß die lateinamerikanische Kirche langsam die nordamerikanische Kirche bekehrt. Ich wäre froh, wenn die deutschen Kirchen sich in ähnlicher Weise mit der Dritten Welt verbinden könnten. Die einzige Hoffnung für die katholische Kirche besteht darin, daß sie irgendwann im wahren Wortsinne ‚katholisch' (= weltumfassend) wird. Der älteste Teil der katholischen Kirche ist der europäische Teil. Aber wenn 70 Prozent aller Katholiken in der Dritten Welt leben, besteht eine gewisse Hoffnung, daß sie schließlich sogar die europäische Kirche bekehren werden.

Wie lassen sich die politischen Strukturen ändern? Müssen wir alle politischen Strukturen ablehnen?

Ich möchte nicht, daß Sie das, was ich gesagt habe, als anti-strukturalistisch empfinden, sondern ich wende mich nur gegen die

Vergötzung einer bestimmten Struktur als der vollkommenen Struktur. Das patriarchale Gottesbild hat uns dazu verführt, *pyramidenförmige* Strukturen aufzubauen und zu idealisieren. Wenn ich Jesus richtig verstehe, scheint er viel mehr über *Kreise* zu reden als über Pyramiden. Seine erste Beschreibung der Kirche heißt „Zwei oder drei, die in meinem Namen versammelt sind". Aber wenn sich unerlöste Männer an die Spitze setzen (Männer, die keine echten „Wilden Männer" sind), schaffen sie Pyramiden. Und Pyramiden sind immer Pyramiden, die auf den Opfern anderer aufgebaut werden: Um die ägyptischen Pyramiden zu bauen, mußten Hunderttausende von Sklaven ihr Leben lassen; die Mayatempel-Pyramiden wurden gebaut, um auf ihrer Spitze Menschenopfer darzubringen.

Wenn mehr weibliche Einsichten an Einfluß gewinnen, werden sich auch langsam bessere Strukturen entwickeln, die weniger pyramidenförmig als kreisförmig sind. Und genau darum geht es mir: Eine Welt zu schaffen, in der es möglich wird, geschwisterlich zu leben, statt daß wir Pfarrer darüber streiten, wie der wahre Priester auszusehen hat, wer die wahre Theologie hat, wer wirklich in den Himmel kommt und wer nicht; das sind die Hirngespinste akademisch gebildeter Männer. Wir brauchen Kreise, wo man verwundbar und ehrlich sein kann und in denen eine heilende Atmosphäre herrscht.

Wie soll die Welt funktionieren ohne die Reichen an der Spitze?

Ich weiß es nicht, aber ich glaube auch nicht, daß das wirklich Ihr Problem ist, mit dem Sie leben müssen. Das heißt nicht, daß Sie sich nicht mit Wirtschaftsfragen beschäftigen sollen. Die kontemplative Haltung nimmt sich die Freiheit, es nicht zu wissen. Haben wir als Christen nicht immer das Gefühl gehabt, wir müßten auf alles die Antwort wissen? Warum haben wir aus dem Glauben eine Sicherheit gemacht? Das halte ich übrigens für die allergrößte Ketzerei in allen Kirchen, daß wir aus dem, was Jesus eine Reise ins Ungewisse genannt hat, eine Lebensversicherung gemacht haben. Ich wäre froh, wenn ich im Evangelium einen klaren, ökonomischen Plan finden würde; doch Jesus hat uns nur eindeutig über die große Gefahr des Reichtums aufgeklärt und uns ganz klar gesagt, wir sollen nicht reich werden. Anders leben wir in der Armut, in der Ignoranz des Glaubens – und die besteht darin, daß wir keinen Plan haben. Der Glaube hat einen viel höheren Preis, als ich je erwartet hätte, weil es einem natürlich mit der Zeit schon auf die Nerven geht, daß einen andere Leute als naiv bezeichnen. Deswegen nennt es Jesus den Weg des Kreuzes, und trotzdem ist es die einzige Freiheit, die es in der Welt gibt.

Was halten Sie von den charismatischen Bewegungen? Sehen Sie dort die Gefahr eines erleuchteten Egoismus?

Meine Gemeinschaft „New Jerusalem" wurde eine Zeitlang als eine der aufregendsten und lebendigsten charismatischen Gemeinden des Landes angesehen. Und Anfang der siebziger Jahre hatte ich den Ruf, der große charismatische Jugendpfarrer zu sein. Aber schließlich ist mir auch die Schattenseite der charismatischen Bewegung klar geworden. Zunächst einmal: Sie ist viel zu abhängig von Gefühlen. Und man reift nicht im Glauben, wenn man zuviel Gefühlserlebnisse braucht – das ist ganz offensichtlich. Die charismatische Bewegung hat meiner Meinung nach außerdem eine übertriebene Auferstehungs-Theologie und Furcht vor der Theologie des Kreuzes. Deswegen findet sich dort nur das halbe Geheimnis. (Ich nenne es im Enneagramm die Energie der Sieben, aber das ist nur eine der Möglichkeiten, die Sache zu beschreiben).

Die charismatische Bewegung ist andererseits ein wunderbarer Ausgangspunkt. Einige der großartigsten und wirkungsvollsten Sozialaktivisten in unserem Land haben in den siebziger Jahren zwei oder drei Jahre in Gebetsgruppen verbracht. Sie sagen selbst, daß sie dort einen Eindruck bekommen haben von der Unmittelbarkeit und der Wärme der Liebe Gottes. Sie haben dort gelernt, nach Heiligkeit zu dürsten. Aber dieselben Leute sagen auch, daß sie nach zwei oder drei Jahren nicht mehr weitergewachsen sind, daß nichts Neues mehr kam. Es ist eine wunderbare erste Stufe des Glaubens, und das meine ich ganz ernst, aber die nächsten Stufen kommen dort einfach nicht vor. Auf diesen weiteren Stufen geht es zum Beispiel darum, daß wir uns über die Welt der Gefühle hinaus in die Welt wirklichen Glaubens begeben, wo wir nicht ständig fromme Gefühle reaktivieren müssen. Wir erkennen diese Bewegung daran: Wenn Menschen diesen nächsten Schritt gemacht haben, bekommen sie die Freiheit, auch andere Dinge in ihren Glauben zu integrieren.

Der beste Ausgangspunkt ist immer, sehr konservativ zu sein, denn man braucht zunächst ein klares Gefühl für die eigenen Grenzen. Man muß zunächst lernen: Was heißt es, in Christus zu sein und was bedeutet es, nicht in Christus zu sein. Was man psychologisch bei jedem Menschen sieht, der in seinem Glauben reift: Je mehr man sich des eigenen Zentrums sicher wird, desto mehr kann man seine Grenzen auch öffnen, sonst verbringt man sein gesamtes Leben damit, seine eigenen Grenzen zu verteidigen. Das ist wie ein Lackmus-Test, an dem man unreifes Christentum erkennt. Trotzdem müssen wir geduldig sein und uns allen erlauben, gewisse Wachstumsschritte zu machen. Ein reifer Christ ist fähig, über bisherige Grenzen hinauszugehen und plötzlich Christus dort zu entdecken, wo er ihn bisher nie vermutet hätte.

Ich denke, das ist die klare Bedeutung von der Geschichte des Jüngsten Gerichts in Matthäus, Kapitel 25: Daß sie plötzlich fähig waren, Christus im Geringsten ihrer Geschwister zu entdecken, nicht nur bei anderen Charismatikern, nicht nur bei anderen Evangelikalen. Solange es anders ist, ist es ja immer noch eine kollektive Selbstliebe. Die Gruppe ist dann gleichsam nur eine Erweiterung meines eigenen Ich: „Du mußt den gleichen christlichen Jargon benutzen wie ich, damit wir zusammensein können." Aber das ist nicht die Freiheit der Kinder Gottes; solche Menschen werden niemals etwas vereinen oder versöhnen, denn ihr Leben wird im Grunde immer kleiner. Wirkliche Christen sind fähig, Christus im Nicht-Ich, im ganz anderen zu entdecken und zu lieben – aber das bedeutet immer, einen Schritt über bisherige Grenzen hinauszugehen. Ich glaube nicht, daß die charismatische Bewegung ihren Mitgliedern wirklich die Fähigkeit vermittelt hat, genau das zu tun. Jedenfalls nicht in unserem Land. Und trotzdem wiederhole ich: Sie nützt sehr viel auf der ersten Stufe des Glaubens. Unsere überintellektuelle Interpretation des Evangeliums hat die charismatische Bewegung gebraucht, um aus dem Kopf herauszukommen.

Ich habe nicht verstanden, was Sie damit gemeint haben: Ich muß mich erst ändern, bevor ich getröstet werden kann. Wo soll ich mich verändern, gerade wenn Sie gesagt haben, die Strukturen sind da und ein einzelner kann es sowieso nicht schaffen, sie aufzubrechen?

Genau deswegen habe ich ja die Geschichte vom reichen Jüngling ausgewählt. Die Veränderung muß sehr konkret, sehr unmittelbar und sehr praktisch sein, sonst ist es nur eine intellektuelle Sache. Jesus hat vom reichen Jüngling verlangt, sich von hier nach da zu bewegen – und zwar wirtschaftlich. Für die meisten von uns bedeutet es, uns zu Menschen zu begeben, die anders sind als wir. Das ist das einzige, was uns von unserer egozentrischen Haltung befreien kann. Vielleicht bedeutet es, daß wir als Jüngere zu den Alten gehen, vielleicht bedeutet es für uns als Gesunde, daß wir zu den körperlich und geistig Behinderten gehen, vielleicht bedeutet es, daß wir in einem AIDS-Hospital arbeiten. Aber wir alle müssen uns in eine Welt begeben, in der wir nicht die Nummer eins sind, wo die anderen, denen wir begegnen, nicht nur eine erweiterte Version von uns selbst sind. Ich glaube, daß uns die Umstände verändern, nicht meine Predigt. Wir werden verändert, wenn wir uns an einen neuen Ort begeben und wenn wir uns der Wahrheit eines anderen Standpunkts aussetzen, der nicht unser eigener ist: Was anderes sollte sonst *Metanoia*, also Umkehr, im Neuen Testament bedeuten? Es heißt, an einen anderen Ort zu gehen; und dieser praktische Schritt wird dafür sorgen, daß unser Wachstum als Christen und Christinnen etwas Reales, etwas Erdverbundenes ist. Sonst besteht immer die Gefahr, daß unsere sogenannte Christusliebe nur eine versteckte Eigenliebe ist.

Sie sehen, Religion ist eine sehr gefährliche Angelegenheit. Ich sage immer, sie ist die sicherste Methode, um Gott zu vermeiden. Die Schriftgelehrten und Pharisäer in der Bibel illustrieren das nun wirklich hinreichend. Wenn uns geistliche Bekehrung nicht dazu führt, daß wir unser Leben wirklich loslassen und hingeben, daß wir fähig werden, über uns selbst hinaus zu gehen, glaube ich, daß sie nur illusorisch und ein Gehirntrip bleibt, keine wirkliche Gottesliebe, sondern Selbstliebe. Ich weiß das aus eigener Erfahrung, weil es mir selber oft so ging.

Sollen wir Christen uns für den Sozialismus oder für den Kapitalismus entscheiden?

Beide Systeme scheinen mir die Unfähigkeit der Christen zu zeigen, das wirklich zu integrieren, was zusammengehört. Wir haben aus dem Evangelium immer wieder eine Ideologie gemacht, der man zustimmen kann oder nicht, anstatt einen Prozeß der Versöhnung daraus zu machen, bei dem keiner recht hat und wir statt dessen alle demütig sind vor Gott. Ich glaube, unsere totalitäre Sicht des Christentums hat dazu beigetragen und auch unsere Unfähigkeit, Abschnitte in der Bibel wie die vom reichen Jüngling wirklich ernst zu nehmen. Das hat dazu geführt, daß ein weiteres totalitäres System entstanden ist. Es ist für uns im kapitalistischen Westen sehr leicht, uns zurückzulehnen und zu sagen: „Sieh an, es war alles falsch, was die da drüben gemacht haben." Aber es ist kein Zufall, daß der Sozialismus im Grunde aus dem Versagen und aus dem Strickmuster des westlichen Christentums erwachsen ist. Deswegen glaube ich, wir müssen zwischen diesen beiden Systemen einen dritten Weg finden: Die Wahrheit der Solidargemeinschaft, die der Sozialismus zweifelsohne in sich trägt. Warum haben die Leute damals gesagt, als ich das Gelübde der Armut abgelegt und versprochen habe, alle materiellen Güter mit anderen Franziskanern zu teilen: „Wie heilig und wie wunderbar ist das." Aber wenn es andere tun, heißt es plötzlich, das ist das System des Bösen. Natürlich, der Unterschied war, wir haben es freiwillig getan und die anderen waren gezwungen, es zu tun. Die Gabe unseres kapitalistischen Systems ist unsere Freiheitsliebe. Wie Sie allerdings alle wissen, ist die Definition dieser Freiheit in der Regel sehr hohl und sehr selbstbezogen. Mit der Freiheit der Kinder Gottes hat das nichts zu tun, auch wenn Kohl und Bush so tun.

In Wirklichkeit verteidigen sie sehr egoistische Ziele. Zumindest unter den Christen habe ich in der DDR eine ungeheure Bereitschaft gesehen, das Evangelium aufzunehmen, von der wir, glaube ich, sehr, sehr viel lernen können. Viele von ihnen haben längst entdeckt, daß weniger mehr ist. Wir glauben das nicht mehr. Wir haben aus dem Evangelium einen spirituellen Kapitalismus gemacht: Wir wollen Gnade bekommen, wir wollen erlöst werden, wir wollen Sicherheit haben – immer will das Ego noch mehr ansammeln. Und geistliche Besitztümer sind die allergefährlichsten.

Also, um Ihre Frage zu beantworten: Es gibt einerseits die Wahrheit der Gemeinschaft und es gibt andererseits die Wahrheit der individuellen Freiheit. Die Kirche ist das einzige Laboratorium, das die Fähigkeit hat, diese beiden Wahrheiten unter einen Hut zu bringen. Ich hoffe, ihr seid so eine Kirche, die etwas lernen kann von dem, was wir in Dresden und Leipzig erlebt haben. Und ich bin sicher, sie haben auch etwas von uns zu lernen. Jeder Teil des Leibes Christi auf der ganzen Welt hat eine spezielle Gabe; auch ihr sollt eure Gabe nicht in Zweifel ziehen. Aber das bedeutet auch, daß wir ganz klar unterscheiden müssen: Was ist Licht und was ist Finsternis? Was ist echte Freiheit und was ist falsche Freiheit? Und das ist sicherlich die Aufgabe für die Westdeutschen.

Was macht einen Menschen zum Christen? Was kennzeichnet einen Christen im Gegensatz zum Nichtchristen?

Ein Christ ist jemand, der vom Geist Christi beseelt ist, in dem der Geist Christi wirken kann. Das heißt nicht immer, daß man „Herr, Herr" ruft, wie es in Matthäus 25 heißt. Wann haben wir dich hungrig gesehen? Wann haben wir dich durstig gesehen? Diese Leute wußten überhaupt nicht, daß sie das, was sie getan haben, für Christus getan haben und daß es christlich war. Aber Christus hat gesagt: „Weil ihr es getan habt, habt ihr es für Christus getan." Das ist die letzte Konsequenz der Fleischwerdung Gottes. Das Wort ist nicht mehr nur Wort, sondern das Wort ist wirklich Fleisch geworden. Das heißt, es hängt nicht immer davon ab, ob wir die richtigen Worte sagen, sondern ob wir die richtige Wirklichkeit leben. Ein Christ ist einer, der vom Geist Christi bewohnt ist, was eine Gabe und ein Geschenk ist, wie wir wissen, und trotzdem eine Gabe, die wir annehmen, zu der wir „ja" sagen müssen.

Sie haben vorhin gesagt, daß in gewisser Weise Lateinamerika Amerika bekehrt hat und daß Sie sich dasselbe für Europa erhoffen. Ich finde das eine sehr hoffnungsvolle Aussage. Können Sie noch genauer erklären, wie sich das in Amerika abspielt und wie das vielleicht zu uns herüber kommen könnte?

Ich hoffe, ich habe nicht zu optimistisch geklungen. Es ist nicht etwa so, daß die amerikanische Kirche schon wirklich bekehrt ist, aber es ist doch erstaunlich, wie viele Menschen langsam kapieren, worum es geht. Letzten Monat war ich in einem protestantischen Seminar in Dallas. Der Professor hat mir gesagt, er merke

selber, wie die konfessionell gewachsenen Unterschiede immer weniger Bedeutung haben. Es gibt Christen und Christinnen, die sich auf die Perspektive der Gerechtigkeit zubewegen, und es gibt welche, die es nicht tun. Man kann in einer Schulklasse oder in einem Seminar zusammen sein und erst nach vielen Tagen entdecken: „Ach, du bist katholisch, du bist evangelisch!" Je mehr es um die Fragen geht, die in der Bergpredigt angesprochen werden, desto hinfälliger werden die historisch gewachsenen konfessionellen Unterschiede und ihre Fragestellungen. Das heißt nicht, daß das alles falsch war, aber sie bedeuten weniger.
Deswegen möchte ich Sie ermutigen, konkrete Verbindungen aufzunehmen zu Menschen, die Ihnen ermöglichen zu sehen, wie die Welt von unten aussieht. Für alle von uns ist das eine Reise ins Nicht-Ich. Das wird das Evangelium für uns aufschließen, so daß wir den wahrhaft universellen Christus erkennen können, der das Alpha und das Omega der Geschichte ist.

Ich würde gern noch einmal auf die neuen Kommunitäten und auf das einfache Leben eingehen. Bergen diese neuen Lebensformen nicht auch die Gefahr, daß es sich da um eine Art neuen Ablaß handelt? So nach dem Motto: „Je weniger ich habe, desto besser bin ich. Je länger ich in der Gemeinschaft lebe, desto besser bin ich." Sehen Sie diese Gefahr auch?

Sicher. Deswegen rede ich ja von der Gefahr spiritueller Reichtümer. Die Korruption der Besten ist das Allerschlimmste. Unser Geschenk, unsere Gabe und unsere Sünde sind immer zwei Seiten derselben Medaille. Das versuchen Andreas Ebert und ich in unserem Buch „Das Enneagramm" darzustellen. Deswegen haben Sie völlig recht. Wir können die richtige Sache aus den falschen Motiven heraus machen; das heißt aber noch lange nicht, daß wir die richtige Sache nicht versuchen sollten. Es geht darum, daß wir immer auch ihre dunkle Seite mitbedenken müssen, d. h., daß wir den unerleuchteten Egoismus mitbedenken müssen. Es ist immer sehr demütigend, wenn man das macht. Alles, was zum Selbstzweck wird – außer Gott selbst –, wird zum Götzen. Dazu gehört auch die christliche Gemeinschaft. Vielleicht ist das sogar einer der Gründe, warum so viele Kommunitäten wieder auseinandergebrochen sind. Wir wurden gezwungen, abermals zu einer tieferen Ebene vorzustoßen und zu fragen: Wenn das alles zerbricht, was ist Glaube dann?

Ich vergleiche alles, was zur Kirche gehört, mit Fingern, die auf den Mond zeigen. Wir sind alle nur Mittel zum Zweck, aber nicht der Zweck selbst. Sobald wir anfangen, uns über die Finger zu streiten oder die Finger zu schützen oder darüber zu streiten, wer die besten Finger hat, statt zu merken, daß alle diese Finger auf den Mond weisen, dann gehorchen wir nicht dem ersten Gebot, das uns verbietet, Götzen zu dienen. Auch christliche Kommunität kann ein Götze sein, sogar die Bibel kann zum Götzen werden. Der Papst kann ein Götze sein. Die Sakramente können Götzen sein. Und je geistlicher es aussieht, desto gefährlicher ist es. Das spirituelle Leben ist ein höchst riskantes, aber ein wundervolles Abenteuer.

Weniger ist mehr – Wege zu einer Spiritualität des einfachen Lebens (Lukas 19)

Vortrag in der Friedenskirche, Darmstadt, 20. März 1990

Ich lebe seit vier Jahren im Südwesten der Vereinigten Staaten, in New Mexico. Das ist einer der ärmeren Staaten in Amerika, wenn auch einer der schönsten. Es ist ein sehr militarisierter Staat – der Staat, in dem die Atombombe erfunden wurde. Dieser Staat befindet sich an der Grenze zu Mexiko, so daß wir viele lateinamerikanische Flüchtlinge bei uns haben. Ich bin vor vier Jahren dort hingezogen, um das „Zentrum für Aktion und Kontemplation" einzurichten. Dort versuchen wir, Menschen in einer Spiritualität der sozialen Gerechtigkeit auszubilden.
Die Stadt liegt mitten in der Wüste und ist von vielen Indianerstämmen umgeben. Deswegen ist es ein wunderbarer Ort, wenn man auf der Suche nach Weisheit ist. Aber es sieht so aus, als ob überall da, wo positive spirituelle Energie ist, auch negative spirituelle Energie ist. Der Ort, an dem die Indianer jahrhundertelang gebetet haben, ist der Ort, an dem wir die Werkzeuge des Todes geschaffen haben. Und genau an diesen Ort müssen Christen sich begeben, um über die Bedeutung des Evangeliums nachzudenken und um herauszufinden, was Licht ist und was Finsternis, was gut ist und was böse.
Das Thema am heutigen Abend befaßt sich mit dem, was uns Jesus über das einfache Leben gesagt hat. Ich möchte dieses Thema einmal ganz anders anpacken. Wir könnten natürlich die bekannten Texte aus dem Lukasevangelium, aus dem Markusevangelium und aus der Apostelgeschichte der Reihe nach durchgehen, wo uns Jesus ganz klar sagt, daß wir in dieser Welt einfach und arm leben sollen. Aber dann sähe es so aus, als ginge es nur darum, Leute zu überzeugen oder zu inspirieren, das Richtige zu

tun. Aber nach zwanzigjähriger Tätigkeit als Prediger habe ich gemerkt, daß Predigten und Inspirationsarbeit an sich keine lange Nachwirkung haben. Wir müssen *wirklich* die Wahrheit finden – um *ihrer selbst willen* finden und glauben.

Wir haben viel zu lange versucht, Menschen durch Schuldgefühle oder durch Angst zu motivieren. Wir haben gesagt: „Du mußt dieses und jenes tun, sonst liebt dich Gott nicht." Und wenn wir die betreffende Sache dann tun, tun wir sie nicht *wirklich*. Denn Herz, Kopf und Bauch stimmen nicht überein, sondern liegen miteinander im Streit.

Deswegen wollen wir heute ganz woanders ansetzen. Woher kommt es, daß wir es nach zweitausendjährigem Nachdenken über Jesus Christus so wirkungsvoll geschafft haben, all das zu vermeiden, was er so eindeutig gelehrt hat? Das gilt für alle Konfessionen. Wir *alle* sind beispielsweise der Bergpredigt ausgewichen. Wir *alle* sind der eindeutigen Lehre Jesu über die Armut ausgewichen. Wir *alle* sind der klaren Anweisung Jesu zur Gewaltlosigkeit ausgewichen. Wir *alle* sind seiner unmißverständlichen Lehre von der Feindesliebe ausgewichen.

Jesus ist zuviel für uns. Die Kirche ist eine Art kollektiver Teenager. Wir sind in unserem Reifeprozeß als christliche Kirche in jedem Jahrhundert ungefähr um ein Jahr gewachsen; das heißt, jetzt werden wir demnächst zwanzig. Vielleicht sind wir langsam bereit, zuzulassen, daß das Evangelium Klartext mit uns redet. Wir wollten immer Antworten haben; denn in einem frühen Lebensstadium brauchen wir erst einmal Gewißheit. Aber Jesus bietet uns keine Sicherheiten an, er bietet uns eine Reise des Glaubens an. Jesus gibt uns nicht besonders viele Antworten; aber er sagt uns, was die richtigen Fragen sind, um welche Fragen es geht, mit welchen Fragen sich die menschliche Seele herumschlagen muß, um auf den Christus und auf *die* Wahrheit zu stoßen.

Unsere Fragestellungen entscheiden, was wir wirklich suchen. Unsere Fragen entscheiden darüber, was wir schließlich finden und entdecken. Deswegen müssen wir unsere Fragen kennen und Jesus sagt uns, wie die richtigen Fragen aussehen müssen. Antworten gewinnen zu schnell eine Art Macht; sie dienen uns oft dazu, unsere Worte als Munition gegen andere zu verwenden. Und Antworten machen Vertrauen unnötig, sie machen das Zuhören entbehrlich, sie machen den Dialog entbehrlich, sie machen die Beziehung zu anderen entbehrlich. Ich brauche dich nicht, um meine Reise zu machen. Ich brauche nur meine Kopf-Antworten, ich brauche nur meine Sicherheiten, ich brauche nur meine Schlußfolgerungen. Und deswegen hat uns Jesus gesagt, wir müssen in dieser Welt so leben, daß wir voneinander abhängig sind. Das heißt: Der eigentliche Sinn eines armen Lebens ist ein Leben radikaler Abhängigkeit, so daß ich mein Leben nicht so einrichten kann, daß ich euch nicht mehr brauche.

Wir müssen mehrere Dinge vermeiden: Trivialisieren Sie die Worte Jesu nicht, indem Sie z. B. fragen: „Verlangt er das wirklich von mir?" So wollen wir zu schnell eine Antwort haben, anstatt uns zu einem Prozeß einladen zu lassen. Generalisieren Sie nicht zu schnell, indem Sie z. B. fragen: „Wo kämen wir hin, wenn alle dieses oder jenes täten?" So schaffen wir oft groteske Szenarien, und indem wir das tun, ersäufen wir gleichsam die wirkliche Forderung Jesu an uns. Wenn wir uns zum Beispiel mit der Lehre Jesu über Gewaltlosigkeit auseinandersetzen, sagen die Leute: „Wollen Sie mir sagen, wenn jemand in mein Haus kommt mit einer Knarre und meine Frau und meine Kinder umbringen will, dann soll ich mich nicht verteidigen?" Diese Menschen verteidigen ihr Ego, damit sie sich mit dieser Frage gar nicht erst auseinandersetzen müssen. Aber Jesus lehrt uns, hungrig und durstig zu sein, in gewisser Weise ohne Antwort zu leben, in gewisser Weise ohne klare Schlußfolgerungen auszukommen, damit wir nicht so ganz einfach und bequem entscheiden können: „Das geht sowieso nicht!" Jesus lädt uns in erster Linie auf eine Reise ein. Das eigentliche Problem besteht wohl darin, daß wir diese Reise, diesen Kampf vermieden haben.

Zumindest ein Grund dafür liegt darin, daß das Evangelium bisher von einer kleinen auserwählten Gruppe ausgelegt worden ist. Und diese Gruppe muß ich folgendermaßen beschreiben: Es waren in der Regel Männer, es waren in der Regel gebildete Männer, es waren in der Regel Europäer und später Nordamerikaner. An diesen Menschen ist natürlich an und für sich nichts auszusetzen – ich gehöre auch zu ihnen. Aber wir hatten zu lange das Monopol inne. Und auf dieser Welt gibt es noch eine ganze Menge anderer Leute, die eine ganze Menge anderer Einsichten haben. Das Vorurteil des weißen Mannes lautet so: Wir stellen immer zuerst die Frage nach Macht und Kontrolle. Die Fragen,

die wir an das Evangelium richten, sind immer Fragen, die aus diesem Vorurteil kommen. Deswegen können wir Fragen wie die nach der Armut überhaupt nicht hören. Wir können die Frage nach Gewaltlosigkeit nicht hören. Denn Christen haben gute Entschuldigungen gebraucht, um einander umbringen zu dürfen. Die Frage der Feindesliebe kann nicht gehört werden.
Aber in unserer Zeit passiert etwas Wunderbares: Zum erstenmal in ihrer Geschichte wird die Kirche wirklich universal. Das heißt, das Evangelium wird durch ganz andere Augen wiedergelesen und wiederentdeckt. Und dabei geht es um ganz andere Fragen. Und weil sie mit ganz anderen Fragestellungen ans Evangelium herangehen, merken wir auch, daß sie am Ende ganz andere Antworten haben. Und selbst wir weißen Männer müssen sagen: „Wieso haben wir das nie gesehen?"
Ich möchte dafür heute abend zumindest ein Beispiel geben und über einen Text aus dem 19. Kapitel des Lukasevangeliums sprechen, über das Gleichnis von den anvertrauten Pfunden. Ich habe diese Geschichte nie leiden können, denn ich bin in Amerika in eine katholische Schule gegangen und am ersten Schultag pflegten uns die guten Schwestern erst einmal diesen Text vorzulesen. Und dann hat der Priester eine Predigt darüber gehalten und uns ermahnt, gute und fleißige Schüler zu sein und Einser und Zweier zu schreiben und keine Dreier. Wir sollten so sein wie der erste und der zweite Mann in dieser Geschichte, aber bloß nicht wie der dritte Mann. Deswegen hat mir diese Geschichte nie gefallen. Ich möchte diese Geschichte vorlesen und schauen, ob es nicht einen ganz anderen Zugang zu ihr gibt.
Die Interpretation, die ich Euch vortrage, stammt aus einer Basisgemeinde in El Salvador, von ganz einfachen und ungebildeten Leuten, die sich selbst nicht für theologische Gelehrte halten. Aber jetzt sind diese Auslegungen nach Amerika gekommen und werden nun von einigen der besten TheologInnen übernommen. Viele von ihnen sind überzeugt, daß wir endlich den wirklichen Sinn dieses Textes gefunden haben.
Jesus wollte gerade Jerusalem betreten und die Leute, die bei ihm waren, dachten, daß jetzt gleich das Reich Gottes kommt. Das ist der Ausgangspunkt. Diese Leute erwarten, daß ein einfacher, problemloser Machtwechsel unmittelbar bevorsteht. Und Jesus sagt sich: Ich muß dringend mit diesen Leuten reden. Ich glaube, sie wissen gar

nicht, welchen Preis sie bezahlen müssen. Ich glaube, sie wissen nicht, was das Reich Gottes kostet!

Und als sie ihm zuhörten, entschloß sich Jesus, ein Gleichnis zu erzählen. Er sagte: „Ein vornehmer Mann, ein Adliger begab sich an einen entfernten Ort, um zum König ernannt zu werden." Wie jeder gute Prediger steigt er mit einem aktuellen politischen Ereignis ein, bei dem jeder Zuhörer weiß, worum es geht. Wir denken natürlich, wenn Jesus das Wort König in den Mund nimmt, meint er Gott den Vater. Aber in Wirklichkeit bezieht sich das auf Archelaos, den Sohn des Herodes. Jeder wußte damals, daß dieser Herodes-Sohn nach seiner Selbsternennung zum König einen dreijährigen Rom-Urlaub angetreten hatte.

Bevor er sich auf den Weg machte, ließ er zehn seiner Diener zu sich kommen und gab ihnen jeweils zehn Pfund. Und er sagte: „Laßt dieses Geld arbeiten, bis ich zurückkomme." Das dahinterstehende historische Ereignis bestand darin, daß Archelaos, bevor er nach Rom ging, Statthalter einsetzte. Und er erwartete, daß diese Leute dieselben ungerechten Steuern eintreiben, wie er es bisher getan hatte. Er wollte, daß sie die Armen genauso unterdrücken, wie er es bisher getan hatte. Bei seiner Rückkehr wollte er natürlich den gesamten Profit einstreichen. Es ist ferner eine historische Tatsache, daß ihm eine Delegation der Landesbewohner nach Rom hinterhergeschickt wurde, die ihm ausrichten ließ: „Komm nicht zurück; bleib, wo du bist!" Genau das beinhaltet der nächste Vers: *Aber seine Landsleute, die ihn nicht ausstehen konnten, schickten eine Delegation hinter ihm her mit der Botschaft: „Wir wollen nicht, daß dieser Mann unser König ist."* Jesus sagt hier also nicht irgendwelche mystischen Sachen, sondern er redet über ganz reale Themen der Politik und der Unterdrückung.

Die Geschichte geht weiter: *Dennoch kam dieser Mann, als er zum König ernannt war, zurück. Sofort ließ er seine Diener kommen, denen er das Geld gegeben hatte, um herauszufinden, wieviel Profit jeder gemacht hatte. Der erste kam und sagte: „Herr, deine zehn Pfund haben weitere zehn Pfund erwirtschaftet."* Also war dieser Statthalter genauso ein Halsabschneider wie Archelaos selbst. *„Gutgemacht, mein guter Diener, nachdem du dich im kleinen als derart zuverlässig erwiesen hast, werde ich dir größere Dinge anvertrauen."* Damit sagt Jesus seinen Jüngern: „Wenn du ihr Spiel mitspielst, werden sie dich dafür belohnen. Die Welt sorgt für ihre Leute!"

Der zweite sagte: „Herr, deine Investition hat fünf weitere Pfunde eingebracht." Und sein Herr antwortete: „Einverstanden, du darfst über fünf Städte herrschen." Früher dachte ich immer, die beiden ersten Diener sind die eigentlichen Helden; aber das ist das Vorurteil eines kapitalistischen Verstandes. In Wirklichkeit sind die beiden ersten die Halunken und der dritte ist der Held. *Der dritte kam und sagte: „Herr, hier ist dein Geld. Ich habe es versteckt. Ich hatte Angst vor dir – und das mit Recht. Denn du bist ein ungerechter und übergenauer Mann. Du nimmst das, was du selber gar nicht angelegt hast* – (das ist genau das Urteil, das Jesus über die Welt fällt) – *und du erntest, was du nicht gesät hast."* Ronald Reagan hat das in Amerika „Trickle-Down-Ökonomie" genannt. Er hat behauptet, daß durch ein obskures Wunder die Armen auch reicher werden würden, sobald die Reichen immer reicher würden. Das ist ein sehr bequemer Mythos für Leute, die ganz oben sind.
Der Herr antwortete: „Du nichtsnutziger Diener. Ich verurteile dich nach deinen eigenen Worten. Wenn du gewußt hast, daß ich ein überpenibler Mann bin, daß ich jemand bin, der das nimmt, was er nicht hingelegt hat und der das erntet, was er nicht gesät hat – warum hast du mein Geld nicht wenigstens auf der Bank angelegt, so daß ich es mit Zinsen zurückerhalten hätte?" Der dritte Mann ist derjenige, der wirklich bereit ist, für seinen inneren Gehorsam die Konsequenzen zu tragen. Wir würden das heute „bürgerlichen Ungehorsam" nennen. Wir würden sagen: Er gehorcht einer tieferen Wahrheit; und diese *tiefere* Wahrheit führt uns immer in Konflikte mit der *oberflächlichen* Wahrheit. *Der Herr sagte: „Nehmt ihm auch das weg, was ich ihm gegeben habe und gebt es dem, der zehn Pfund erwirtschaftet hat."*
Aber jetzt erscheint plötzlich aus den Kulissen der Bühne eine zaghafte Stimme und sagt: *„Aber der hat doch schon zehn!"* Warum sollen die Reichen reicher und die Armen immer ärmer werden? Die Welt sorgt für ihre Leute! Aber Jesus hat seine Jünger gelehrt, dieses Spiel nicht mitzuspielen. Das sehen wir an den nächsten Versen; es handelt sich nämlich um das letzte Gleichnis im Lukasevangelium, das Jesus erzählt, bevor er in Jerusalem einzieht, um *gekreuzigt* zu werden! Wenn ihr die Wahrheit leben wollt, dann müßt ihr den Preis dafür bezahlen. Man darf keine Lüge kaufen. Ihr könnt euer Leben nicht auf Illusionen aufbauen. Ihr könnt euer Leben nicht auf bequeme Wahrheiten aufbauen. Es scheint so, als

wollte Jesus sagen: „Das einzige, was ihr machen könnt, damit das passiert, ist *einfach* zu leben."

In den ersten drei Jahrhunderten der Kirchengeschichte sprach das Evangelium in erster Linie (wenn auch nicht ausschließlich) Menschen an, die der Unterschicht angehörten – nicht der Mittel- und Oberschicht. Es sind immer die kleinen Leute, die ihm vertrauen, und es sind immer die Leute, die oben sind, die ihn bekämpfen. Aber im Jahre 313 hat uns Kaiser Konstantin einen „großen Gefallen" getan. Er erklärte das Christentum zu einer etablierten Religion im Römischen Reich. Über Nacht haben wir gleichsam die untere mit der oberen Position vertauscht.

Der heilige Hilarius hat im fünften Jahrhundert geschrieben: „. . . Statt dessen bekämpfen wir heute einen gefährlicheren Verfolger, einen Feind, der uns schmeichelt, nämlich den mächtigen römischen Kaiser. Er verwundet nicht mehr unseren Rücken, sondern er behängt unsere Brust mit Orden. Er konfisziert unsere Güter nicht, sondern im Gegenteil, er beschenkt uns. Er zwingt uns nicht, wirklich frei zu werden, indem er uns einsperrt, sondern er schickt uns in die Sklaverei, indem er uns in seinem Palast ehrt. Er greift uns nicht aus dem Rückhalt an, aber er nimmt Besitz von unserem Herzen. Er haut uns nicht mit dem Schwert den Kopf ab, aber er tötet unseren Geist mit Gold. Er bedroht uns nicht offiziell mit dem Scheiterhaufen, aber er entzündet insgeheim die Höllenfeuer. Er führt keine Schlacht, damit er nicht selbst eine Niederlage erleidet, sondern er betet unseren Christus an, damit er ungehindert herrschen kann. Er bestätigt Christus, um ihn in Wirklichkeit zu leugnen. Er verkündet Einheit, aber verhindert Gemeinschaft."

Wir sollten versuchen, die untere Position zurückzugewinnen. Jesus sagt: Folgenden Menschen soll das Evangelium verkündet werden – und zwar, weil sie die einzigen sind, die es hören können: Die Armen im Geiste sind es, die nichts beweisen und nichts verteidigen müssen. Und deswegen müssen wir immer fragen: In welcher Hinsicht sind wir selbst reich? Was müssen wir verteidigen? Welche Prinzipien müssen wir beweisen? Was hält uns davon ab, offen und arm zu sein? Es geht nicht in erster Linie um materielle Güter, sondern die primären Reichtümer sind unsere spirituellen Güter, unsere intellektuellen Güter, mein Ego, mein Ruf, mein Selbstbild, mein Bedürfnis, recht zu haben, mein

Bedürfnis, Erfolg zu haben, mein Bedürfnis, alles im Griff zu haben, mein Bedürfnis, geliebt zu werden. Das sind die Todsünden, die wir im Buch „Das Enneagramm" zu beschreiben versuchen. Es hilft nicht viel, wenn wir sagen können: „Wir haben die Wahrheit", aber in Wirklichkeit völlig unfrei und unfähig sind, diese Wahrheit anzunehmen und zu leben, weil wir mit uns selbst so vollgestopft sind. Und deswegen erlauben uns die Worte des Evangeliums niemals, in Selbstzufriedenheit zu leben. Sondern sie machen uns immer leer. Sie lassen immer die Wahrheit Marias nachsprechen: „Es geschehe, wie du willst." Sie erlauben uns, unsere Wunde offenzuhalten, damit wir Christus in uns aufnehmen können. Es scheint so, als ob wir ganz unfähig sind, Christus zu empfangen, weil wir so vollgestopft sind mit uns selbst. Und deswegen ist das Eigentliche, was wir loslassen müssen, unser Selbst. Wir sind nicht wirklich frei, bevor wir nicht frei von uns selbst sind. Das Thema der letzten acht Tonbandkassetten, die ich in Amerika aufgenommen habe, „Eine Spiritualität der Subtraktion", geht auf den deutschen Mystiker Meister Eckhart zurück. Meister Eckhart hat gesagt: Das geistliche Leben hat mehr mit *Abziehen* (Subtraktion) zu tun als mit *Hinzufügen* (Addition). Aber im kapitalistischen Westen haben wir mit dem Evangelium folgendes gemacht: Ständig klettern wir auf Erfolgsleitern hoch und haben auch das Evangelium zu einer Sache von Addition anstatt zu einer Sache von Subtraktion gemacht. Das einzige, was wir tun können, ist uns selbst „beiseite zu räumen". Dann ist Gott offensichtlich. Dann können wir Christus leicht in uns empfangen. Aber wir finden heraus, daß gerade dies in Wirklichkeit das allerschwerste ist. Man hat uns beigebracht, uns selbst so furchtbar ernst zu nehmen, obwohl wir selbst doch nur ein winziger Augenblick des Bewußtseins sind. Ich bin nur ein winziger Teil der Schöpfung, ein Teilchen, das nur einen Bruchteil der Herrlichkeit Gottes widerspiegelt. Und doch ist das genug. Wenn wir dieses „Es ist genug" in uns erfahren und spüren, brauchen wir dort draußen nicht mehr so viel.

So einfach ist es wirklich. Aber wenn wir in uns nicht genug erlebt und erfahren haben, sind wir versucht, immer mehr äußere Dinge in uns hineinzustopfen und anzusammeln, damit wir unser Selbstwertgefühl nicht verlieren und das Gefühl haben, etwas wert zu sein. Genau das ist natürlich die große geistliche Illusion.

Mein zweiter großer geistlicher Lehrer war, wie ich schon erwähnt habe, Franz von Assisi. Er, der sein ganzes Leben damit verbracht hat, kleiner zu werden, nach unten zu kommen und unter den Armen zu leben, hat uns gesagt, wir sollten immer *unten* leben, denn nur dort könnten wir die Wahrheit wirklich erfahren. Aber diese Wahrheit ist schwer zu begreifen in einer Welt, die sagt: „Das Leben spielt sich im Zentrum ab und nicht an der Peripherie!"

Man braucht sehr viel Glauben, um wirklich zu glauben, daß es auch am Rand genug gibt. Und trotzdem ist es wirklich meine Erfahrung. Ich hatte das Privileg, viele Länder der Dritten Welt zu besuchen. Dort habe ich immer wieder erlebt, daß die Armen dieser Welt oft viel glücklicher sind als die meisten von uns. Sie brauchen ihre Seele nicht ständig auf Dinge zu projizieren und können sie deshalb im eigenen Inneren finden. Sie können nicht davon ausgehen, daß ihnen Äußerlichkeiten Erfüllung bieten. Eine Frau auf den Philippinen hat einmal zu mir gesagt: „Pater, wir haben nichts außer Gott und unsere Gemeinschaft." Ich glaube, das ist das einzige, was uns das Evangelium verspricht. Es verspricht uns, einen Weg zu finden, der uns zu Gott führt und einen Weg, der uns zueinander führt. Wir aber wollen Sicherheit, obwohl uns das Evangelium in dieser Welt niemals Sicherheit versprochen hat. Jesus hat auch niemals gesagt, daß wir die Aufgabe hätten, die Welt sicher zu machen. Er hat vielmehr gesagt, wir sollten die Wahrheit tun, was natürlich viel schwieriger ist. Seit Anbeginn der Zeit wird jeder Mensch, der auf die Welt kommt, in die Ungewißheit hineingeboren. Vor dieser Ungewißheit, die zu unserem Menschsein gehört, können wir uns nicht wirklich schützen, ohne uns nicht schließlich und endlich auch gegen Gott abzuschotten. Denn die Wahrheit kann uns nur da erreichen, wo wir uns an einem Ort der Ungewißheit befinden.

Deswegen habe ich den „Wilden Mann" geschrieben. Denn wir Männer, die wir oben sind, sitzen am allertiefsten in der Falle. Auf den ersten Blick sehen wir aus wie die Sieger des Systems, aber in Wirklichkeit sind wir die Opfer. Wir sind viel unfreier als die meisten Frauen. In Amerika merken wir gerade, daß uns die Frauen in ihrer Entwicklung ungefähr fünfzehn Jahre voraus sind, weil sie nicht so sehr in die Lügen des Systems verstrickt sind und nicht so sehr in der Falle des Erfolgsspiels sitzen. Des-

wegen haben sie mehr Freiheit, einer tieferen Weisheit zu vertrauen – es sei denn, sie machen dasselbe blödsinnige Spiel mit.
Es ist erstaunlich: Das Christentum ist die einzige Religion, die es wagt, Gott ein *Lamm* zu nennen. Und trotzdem haben wir zweitausend Jahre damit zugebracht, Verwundbarkeit zu vermeiden. Paulus sagt uns klipp und klar: *„Wenn ich schwach bin, bin ich stark"* (2. Korinther 12,10). Aber wir haben Angst davor, diese Art von Stärke zu entdecken. Wir waren noch nie dort, und deswegen wissen wir nicht, ob das wirklich Stärke ist. Und doch ist es die einzige Art von Macht, die das Evangelium uns anbietet. Diese Art von Macht wird die Welt niemals verstehen, doch wir *müssen* sie verstehen, wenn wir wirklich die Kirche sein wollen und wenn die Kirche irgendeine Glaubwürdigkeit haben will.
Karl Rahner hat einmal sinngemäß gesagt: Wenn wir bis zum nächsten Jahrhundert nicht die mystischen Wurzeln des Christentums wiederentdecken und die Verbindung von Christentum und Politik, dann können wir das ganze Christentum vergessen. Denn dann ist das Christentum für diese Welt eher Teil des Problems als Teil der Lösung. Jesus hat uns eine neue Art zu leben angeboten, und aus diesem neuen Leben beziehen wir die Kraft, der Welt neu zu begegnen. Und das ist der Ort der Armen, die nichts beweisen und nichts verteidigen müssen.
Spiritualität und Glaube haben mehr zu tun mit Subtraktion, mit *weniger werden*, als mit Addition, mit *mehr werden*. Echter Spiritualität geht es immer ums Loslassen. Zunächst müssen wir die Vergangenheit loslassen: Wir alle tragen große Pakete von Schuld mit uns herum. Uns ist allen klar, was wir *nicht* gemacht haben und was wir alles *falsch* gemacht haben. Aber selbst unsere Schuldgefühle können zum Egotrip werden. Ich habe ewig Schuldgefühle mit mir herumgeschleppt, solange ich das Bedürfnis hatte, mich für besonders wertvoll zu halten. Als ich endlich das Bedürfnis losgeworden war, mich „würdig" zu fühlen, habe ich gemerkt, daß meine Schuldgefühle ein einziges Kreisen um mich selbst waren. Das heißt, die meisten meiner Schuldgefühle dienten nur meinen eigenen Zwecken. Ich kann mir leicht Schuldgefühle über Nichtigkeiten einreden, damit ich die wirklich wichtigen Dinge nicht anpacken muß.
Ich glaube, bevor sie in die Stadt gehen, will Jesus den Jüngern sagen: Es geht hier um ganz große Dinge und nicht um die

Lappalien, um die sich ein Christentum der Mittelklasse Sorgen macht. Das ist zu privatisiert, zu individualistisch und im Grunde zu unwichtig. Denn da betreiben wir ständig Nabelschau und begegnen niemals dem Christus. Wir begegnen immer neuen Versionen unserer selbst und leben in einem Teufelskreis von läppischen Schuldgefühlen.

Aber es geht nicht nur darum, daß wir die Vergangenheit loslassen, sondern auch die Zukunft. Es geht darum, daß wir die Angst vor der Zukunft loslassen, unsere Sorgen und unsere überzogenen Sicherheitsbedürfnisse. Schließlich müssen wir auch die Gegenwart loslassen, das Bedürfnis, hier und jetzt irgend etwas Besonderes zu sein. Wenn ich es zu sehr nötig habe, geliebt zu werden, wenn ich all das hier sage, damit Ihr nachher Beifall klatscht, bin ich nicht frei und sage auch nicht die volle Wahrheit, sondern nur eine kleine Wahrheit.

Einer der schwierigsten Akte beim Loslassen besteht darin, auch das Bedürfnis aufzugeben, irgend etwas zu sein. Je positiver unser Selbstbild ist, desto gefährlicher ist es. Je frömmer es ist, desto gefährlicher ist es. Und das Allergefährlichste ist es, Berufs-Christ zu sein. Und deswegen sind es immer die Pharisäer und Schriftgelehrten, die Jesus umbringen, denn sie müssen ihre Theologie verteidigen – und in dieser Theologie ist kein Platz für die Wirklichkeit eines fleischgewordenen Christus. Wenn wir ehrlich sind, dann ist es ja auch ein bißchen enttäuschend, daß Jesus Christus als ganz normaler Mensch gekommen ist.

Die Gegenwart loszulassen, bedeutet unsere Rollen aufzugeben, unsere Titel, unser öffentliches Image. Ich denke, das ist eine der vielen Bedeutungen des ersten Gebotes: *"... du sollst keine anderen Götter haben neben mir!"* Es geht nicht nur um falsche Gottesbilder (die meistens unseren Zwecken dienen), sondern auch um bequeme Selbstbilder. Das haben wohl die Heiligen gemeint, wenn sie gesagt haben: Wir müssen uns in den Raum des Glaubens begeben, in den Raum des Nicht-Seins, des Nichts.

Als C. G. Jung schon ein alter Mann war, las einer seiner Schüler das Buch „The Pilgrim's Progress"[1]. Er fragte C. G. Jung: „Was ist eigentlich Ihre Pilgerreise gewesen?" Und Jung antwortete: „Meine Reise bestand darin, daß ich versucht habe, zehntausend Lei-

---

1 John Bunyan, Pilgerreise zur seligen Ewigkeit, Telos Taschenbuch, St. Johannis Druckerei Lahr, 11. Auflage 1989.

tern in die Tiefe hinabzusteigen. Jetzt am Ende meines Lebens kann ich diesem kleinen Erdenkloß, der ich selber bin, die Hand der Freundschaft reichen." Das ist ein freier Mensch! Das Wort „human" kommt von Humus, was soviel wie Erde heißt. Mensch zu sein bedeutet anzuerkennen, daß wir aus Erde gemacht sind und zur Erde zurückkehren werden. Ein paar Jahre lang tanzen wir auf der Bühne des Lebens herum und haben die Chance, ein wenig von der Herrlichkeit Gottes widerzuspiegeln. Wir sind Erde, die zu Bewußtsein gekommen ist[2]. Wenn wir diese Kraft in uns selbst entdecken und wissen, daß wir Geschöpfe Gottes sind, von Gott herkommen und zu Gott zurückkehren, dann reicht das. Man kann das nicht mit Mitteln der Logik begreifen; selbst diese Predigt wird niemanden davon überzeugen, daß es so ist. Sie müssen das selbst erfahren, indem Sie sich selbst auf die Reise machen und diesen Weg selbst zurücklegen. Deswegen nennen wir unser Zentrum „Zentrum für Aktion und Kontemplation", denn erst wenn wir zur kontemplativen Innenschau gelangen, finden wir die wirkliche Grundlage des Evangeliums.
Genau das ist es, was Jesus in den vierzig Tagen in der Wüste tut: Er geht an einen Ort der Leere; dort gibt es keine Worte mehr, sondern nur die Wüste. Und es heißt: *Er fastete vierzig Tage lang*, das heißt, er hat sich leer gemacht. Er hat dem Dämon ins Auge gesehen, der ihm erklärte: „Du mußt Erfolg haben!" Und er hat geantwortet: „Nein, ich brauche das nicht!" Als er auf der Zinne des Tempels stand, sah er dem zweiten Dämon ins Auge, der zu ihm sagte: „Du mußt religiös richtig liegen!" Dieser Dämon konnte wunderbar sein Spiel mit der Bibel treiben. Und Jesus hat gesagt: „Hau ab, ich brauche dieses Spiel nicht!" Schließlich begegnete er dem Dämon, der ihm sagte: „Du kannst mit Mitteln der Macht den Willen Gottes erfüllen!" Aber der Preis der Macht besteht darin, daß man vor Satan niederfällt.
Wir müssen alle davon ausgehen, daß uns auch unser Weg in die Wüste führt und daß wir genau diesen drei Dämonen ins Auge sehen müssen: dem Bedürfnis, Erfolg zu haben; dem Bedürfnis, richtig zu liegen und dem Bedürfnis, Macht zu haben und alles in den Griff zu kriegen. Bevor wir nicht diesen drei Dämonen in uns selbst ins Auge gesehen haben, gibt es keine Möglichkeit, aus der

---

2 Vgl. dazu: Matthew Fox, Der große Segen, Claudius Verlag München, 1991.

Wüste herauszukommen und das Reich Gottes zu verkündigen. Sonst verkündigen wir immer bloß unser eigenes Reich. Wir benutzen das Evangelium, um uns selbst zu inthronisieren, und dann laufen der innere und der äußere Weg auseinander. Gott beruft Sie alle dazu, einen Weg der inneren Wahrheit zu gehen – und das heißt, für alles Verantwortung zu übernehmen, was in Ihnen ist: für das, was Ihnen gefällt und für das, wofür Sie sich schämen; für den reichen Menschen in Ihnen und für den armen. Franz von Assisi nannte das „den Aussätzigen in uns zu lieben". Wenn Sie lernen, die Armut in sich selbst zu lieben, werden Sie entdecken, daß Sie Raum haben, um auch „draußen" mitzuleiden, daß es Raum in Ihnen gibt für andere, daß es Raum gibt für die, die anders sind als Sie, daß es Raum gibt für die Geringsten unter Ihren Brüdern und Schwestern.

Weniger ist wirklich mehr. Nur diejenigen, die nichts beweisen und verteidigen müssen und die in sich einen weiten Raum haben, der groß genug ist, um jeden Teil ihrer eigenen Seele annehmen zu können. Und um jeden Teil dessen anzunehmen, was Gott draußen tut, selbst das, was anders ist, selbst das, was uns Angst macht. Auf diesen Weg kann nur Christus selbst uns führen. Das meine ich mit der Reise des „Wilden Mannes" und der „Wilden Frau". Auf dieser Reise werden wir es auch schaffen, uns als Gleichberechtigte zu begegnen, denn dann sind wir beide leer von uns selbst und können das Geschenk empfangen, das der andere, die andere ist. Das heißt schließlich und endlich: Das Geschenk zu empfangen, das Christus ist.

Fragen und Antworten

Dadurch, daß man den Leuten Forderungen an den Kopf wirft, passiert nichts. Können Sie noch einmal sagen, wie Sie es jetzt versuchen, die Menschen ohne starre Gebote oder Forderungen zu erreichen?

Zunächst einmal möchte ich natürlich die große Vision des Reiches Gottes verkündigen. In diesem Kontext möchte ich dann als nächstes anderen einen echten Prozeß des Hörens vermitteln. Wichtig sind dabei nicht so sehr die Inhalte, als daß dieser Prozeß in Gang kommt. Eine neue Art, wie man auf Gott hören kann. Dieser Prozeß hat das Ziel, daß am Ende die Schlußfolgerungen, die Sie ziehen, wirklich Ihre eigenen sind und nicht meine Schlußfolgerungen, die ich Ihnen aufgepfropft habe. Sie müssen das Evangelium selber glauben. Wir lernen in diesem Prozeß, uns selbst nicht übermäßig ernst zu nehmen, uns selbst beiseite zu nehmen, zurückzunehmen. Und ich glaube, alle großen geistlichen Übungen, auch die Lehre Jesu, wollen genau das erreichen. Warum lehrt uns Jesus zum Beispiel, unsere Feinde zu lieben? Damit sie Christen werden? Vielleicht – das wäre natürlich schön –, aber er sagt es wohl in erster Linie, damit *wir* dem begegnen, wovor *wir* Angst haben, und damit *wir* befreit und bekehrt werden. Viele Leute, die sich in einen missionarischen Dienst begeben haben, wurden schließlich von denen bekehrt, zu denen sie hingegangen waren, um sie zu bekehren. Und deswegen gilt die Aussage, daß wir bereit sein müssen, Christus dort zu finden, wo wir ihn bisher nicht erwartet haben. In Matthäus 25, der einzigen Beschreibung, die Jesus vom Jüngsten Gericht gibt, begegnen uns keine Leute, die eine klar umrissene Theologie haben. Aber wir finden dort Menschen, die das Sehen gelernt haben, die das Hören gelernt haben, die es gelernt haben, sich zurückzunehmen. Dann ist Gott sozusagen mit Händen zu greifen. Jesus sagt in seiner Rede vom Jüngsten Gericht, daß wir einmal danach beurteilt werden, ob wir fähig waren, Christus im Geringsten unserer Brüder und Schwestern zu erkennen. Wir werden nicht nach den Zehn Geboten beurteilt, auch nicht danach, ob wir Christus in anderen Mitgliedern unserer Konfession erkannt haben. Sondern vielleicht in Leuten, die ganz anders sind als wir. Das ist die radikalste Form von Bekehrung, die ich mir vorstellen kann. Ich sage noch einmal: Das ist eine Sache, wo es ums Sehen geht. Ich glaube also, das Evangelium vermittelt uns in erster Linie einen Prozeß und nicht eine bestimmte Abfolge von Glaubenssätzen. Wenn wir das Evangelium zu einer Abfolge von Glaubensinhalten machen, dann sind wir unser ganzes Leben damit beschäftigt, diese Sätze zu verteidigen. Und denken Sie daran: Wir besitzen unsere Besitztümer nicht, sondern schließlich besitzen sie uns. Und das gilt auch für theologische Besitztümer.

Wie leben Sie das ganz praktisch? Wie gehen Sie z. B. ganz praktisch mit Geld um? Wie gehen die Leute im Zentrum für Aktion und Kontemplation mit diesen Zielen um?

Darüber könnte man ein ganzes Wochenende reden. Ich möchte aber ein paar Dinge sagen, die vielleicht Hinweise geben und hilfreich sind. Zunächst möchte ich sagen: Es gibt keine bestimmte Methode. Es ist offensichtlich, daß Gott die Vielfalt liebt, schauen Sie sich nur Ihre Gesichter an. Je mehr Kontrolle man haben will, desto weniger kommt man mit der Vielfalt zurecht. Als wichtiges Prinzip müssen wir lernen, miteinander Verbindung aufzunehmen, uns zu begegnen, ein Netzwerk zu bilden. In dem Umkreis, in dem ich lebe, versuchen wir, uns nicht aus unserer Macht heraus zu begegnen, sondern aus unserer Machtlosigkeit heraus. Aus dieser Verwundbarkeit, die wir miteinander teilen, lernen wir in vielfacher Hinsicht, miteinander zu teilen. Wir teilen einfach unseren Schmerz miteinander. Wenn der Schmerz von einem anderen angenommen wird, wenn der andere ihn versteht, dann finde ich langsam die Kraft, selbst damit zu leben. Es ist keine Schlußfolgerung, sondern ein Prozeß, es ist keine Antwort, sondern ein Weg. Es bleibt nichts anderes übrig, als sich zusammenzutun. Wir können es nicht im Alleingang schaffen. Ich glaube, das ist das Geheimnis der Ecclesia, der Kirche, der versammelten Gemeinde. Ecclesia bedeutet dem Wortsinn nach: diejenigen, die aus sich selbst herausgerufen worden sind. Das ist die Basis-Kirchenlehre, die uns Jesus gibt. Zwei oder drei kommen im Namen der Wahrheit (und das heißt im Namen von Jesus Christus) zusammen – und da ist Christus.

Ja, Sie fragen, ist das praktisch? Das ist total praktisch, weil es uns zwingt, anders zu denken und anders zu handeln. Wo es nicht darum geht, ob wir recht haben, sondern ob wir verwundbar und offen sind. Es gibt auch die Möglichkeit, andere Güter miteinander zu teilen. In „New Jerusalem" hatten wir keine völlige Gütergemeinschaft. Wir kamen zu dem Schluß, daß dies mehr Probleme schaffen als lösen würde. Aber die Leute in meiner Gemeinschaft haben viele andere kreative Möglichkeiten, einander zu unterstützen, weil unser Leben auf einer sehr tiefen Ebene miteinander geteilt wurde und wir einander vertrauten. Und weil wir vertrauensvoll unseren Weg miteinander geteilt haben.

In New Mexico sind wir keine Lebensgemeinschaft im eigentlichen Sinne. Ich versuche es diesmal anders zu machen. In Cincinnati, Ohio, haben wir eine selbstbewußte Gemeinschaft aufgebaut, die sich „Neues Jerusalem" nennt. Wir haben ungeheuer viel

Kraft aufgewendet, um die Kunst der Gemeinschaft zu entwikkeln. Von da aus haben viele Menschen eine Vision vom Reich Gottes bekommen und wie sie der Welt dienen können. Aber es gibt noch eine andere Methode, das gleiche zu erreichen: Menschen zusammenzurufen, die bereits eine gemeinsame Vision von ihrem Dienst und ein gemeinsames Ziel haben. Ich bin überzeugt, daß sich dann Gemeinschaft sozusagen als Nebenprodukt einstellt. Heute, nach vier Jahren, bin ich sogar der Meinung, daß das der bessere Weg ist für unsere heutige Situation. Wir müssen uns zusammentun, damit wir das gemeinsam spüren. Wir wissen, daß wir die Aufgaben nicht alleine lösen können. Die Themen, um die es heute geht, sind viel zu groß und zu problematisch. Es geht um Flüchtlinge, es geht um Obdachlose, es geht um die Gefängnisreform, es geht um die nukleare Abrüstung. Wenn die Themen des Evangeliums so real werden, dann wissen wir einfach, daß wir den Leib Christi brauchen, um miteinander herauszufinden, worum es geht, und auch, um miteinander zu handeln. Ich bin überzeugt, daß das Evangelium nicht von einzelnen gelebt werden kann. Vielleicht haben wir das Evangelium deshalb so verwässert, weil wir nur von einzelnen Menschen ausgegangen sind. Wenn Sie also schöpferische Möglichkeiten finden, um sich zusammenzuschließen, verspreche ich Ihnen, daß Sie dann eines Tages mit sehr schöpferischen Antworten dastehen werden. Aber bitte idealisieren Sie diese Antworten nicht, denn der „beste" Schutzmechanismus vor dem nächsten Wort, das Gott uns sagen will, ist das letzte Wort, was Gott uns gesagt hat.

Sie haben über ein Leben in Armut und Machtlosigkeit gesprochen. Was denken Sie über den technologischen Fortschritt? Sehen Sie darin eine Gefahr? Sehen Sie Gefahren der wissenschaftlichen Forschung? Sollten die Grenzen, was Menschen erlaubt ist, früher angesetzt werden als bisher?

Weil wir schon vor Jahrhunderten verlernt haben, einen echten Dialog zu führen, hat sich die Technologie weiterentwickelt, aber nicht unsere Weisheit. Wir haben die Welt ganz bequem aufgeteilt in Religion auf der einen und weltliche Dinge auf der anderen Seite. Wir haben als Kirche die Fähigkeit verloren, einen echten Dialog mit der Welt zu führen und haben uns auf unsere geschlossene, christliche Welt zurückgezogen, weil wir nur fähig waren, mit Leuten zu reden, die sowieso schon unserer Meinung waren. Deswegen hat heute in erster Linie das Geld das Sagen, denn wir haben aufgehört, dem Geld etwas zu sagen. Die Technologie hat das Wort, weil wir nie mit der Technologie ein Wort geredet haben. Das ist eine Berufung, die sehr viele von Ihnen haben. Bitte verbringen Sie nicht den Rest Ihres Lebens in Kirchen, sondern benutzen Sie Ihre Erfahrung, die Sie mit der Wahrheit und mit dem Reich Gottes machen, um die Systeme dieser Welt zu ent-götzen. Benutzen Sie diese Erfahrung, kritische Fragen aus Ihrem Glauben heraus zu stellen. Jesus hat uns gelehrt, wir sollen Menschen lieben und Dinge benutzen. Aber Sie und ich, wir leben in Ländern, die Menschen benutzen und Dinge lieben. Und diese Umkehrung hat sich ereignet, weil wir es nicht geschafft haben, unseren Glauben und die Welt miteinander zu versöhnen.

An jedem Freitagmorgen machen wir in der Nähe unseres Zentrums eine Gebetswache vor den Toren eines nuklearen Laboratoriums. Wir deuten nicht drohend mit dem Zeigefinger auf die Menschen, die dort arbeiten, sondern wir halten Schilder hoch, auf denen die Fragen des Glaubens gestellt werden. Am Anfang haben wir viele böse Gesten bekommen und viele wütende Rufe. Aber nach drei Monaten war das anders. Sie wußten inzwischen, daß wir nicht ihre Feinde waren, sondern sie haben gespürt, daß wir aus Sorge um die Welt intelligente Fragen des Glaubens stellen – als Brüder und Schwestern in Christus. Letzten Aschermittwoch haben sie mich sogar in die Kaserne eingeladen, um die Messe zu halten. Und einige Leute haben gesagt: „Was, den ladet ihr ein, das ist doch unser Feind." Aber die Kirche war brechend voll und die Leute blieben nach dem Gottesdienst eine weitere Stunde, um mit mir zu reden. Jetzt findet jeden Monat ein Dialog statt und ich kann es selber kaum glauben, wie weit wir auf diesem Weg miteinander gekommen sind: Wir können die Leute, die dort arbeiten, nicht länger böse nennen. Wir wissen, daß sie als Individuen genauso gut wie wir sind und vielleicht sogar besser. Und trotzdem glaube ich immer noch, daß sie Anteil an etwas haben, das im Ganzen und als System böse ist, aber als Individuen sind sie gut. Wir haben als Christen viel zu lange versäumt, die Verbindung herzustellen zwischen individueller und struktureller Sünde. Wir waren die ganze Zeit damit beschäftigt, die *individuelle* Sünde anzuprangern. Aber es ist die *institu-*

tionalisierte Sünde, die größtenteils dafür verantwortlich ist, daß die Welt kaputtgeht. Weil wir den Dämon nicht beim Namen genannt haben, weil wir den Dämon nicht exorziert haben.
Manchmal gibt es einfache Menschen, die weiser sind als wir. Es gibt noch ein nukleares Laboratorium in New Mexico, Los Alamos, wo die Atombombe erfunden wurde. Um dieses Gebiet herum sind drei katholische Indianerstämme angesiedelt. In diesen Stämmen mischt sich die katholische Religion mit denen, die ihre Stammesreligion beibehalten haben. Vor fünf Jahren, als unsere Bischöfe darüber debattierten, ob wir die Lehre von der Abschreckung aus christlicher Sicht als moralisch böse verurteilen sollten, begannen die Indianer in aller Stille über Los Alamos einen Exorzismus zu vollziehen. Mit ihrer sogenannten primitiven Weisheit haben sie keinen Zweifel daran, daß dies der Ort ist, der die Zerstörung der Welt vorbereitet. Man muß sich fragen, wo die wahre Weisheit liegt. Deswegen müssen wir eine ganzheitlichere Art und Weise finden, die Wahrheit zu hören. Diese ganzheitliche Art zu hören wird uns Zugang verschaffen zu vielen der Systeme, die diese Welt beherrschen. Unser Christus ist so groß, daß wir wissen: Christus hat vor keiner Wahrheit Angst. Deswegen müssen wir als Christen Leute sein, die die Freiheit haben, Psychologie zu integrieren, Geschichte und Theologie, Anthropologie und Soziologie: Wir müssen vor nichts Angst haben.
Sobald wir unser Zentrum gefunden haben, brauchen wir unsere Grenzen nicht mehr zu verteidigen. Wir haben so viele Jahre damit verbracht, unsere Grenzen zu verteidigen, weil wir uns unseres Zentrums nicht sicher waren. Ich persönlich glaube, daß nur das kontemplative Gebet uns in unser Zentrum führen kann. Deswegen gebe ich Ihnen einen Rat, der Ihnen vielleicht merkwürdig vorkommt: Ich ermutige Sie, sich auf einen radikalen inneren Weg des Gebets zu machen. Der Ort in Ihnen, der am intimsten zu sein scheint, ist in Wirklichkeit der universalste und weltumspannendste Platz. An diesem Ort werden Sie die Freiheit finden, sich mit Wissenschaft und Technologie auseinanderzusetzen und eine Verbindung aufzunehmen. Sie werden dort keine vorgefertigten Antworten finden, aber Sie haben einen Prozeß anzubieten: einen Prozeß des Zuhörens, einen Prozeß der gegenseitigen Bekehrung. Das ist das Geheimnis der Sündenvergebung und das Geheimnis der Versöhnung.

Was ist Ihre Vision einer künftigen Welt? Könnte New Jerusalem ein Platz sein, an dem sich unterschiedliche Religionen ohne Furcht begegnen, aufeinander hören und voneinander lernen? Können wir etwas von anderen Religionen lernen?

Vor 25 Jahren haben die katholischen Bischöfe im Zweiten Vatikanischen Konzil einige wundervolle Dokumente verfaßt. Leider hat die Kirche sie im großen und ganzen nicht sonderlich ernstgenommen. Ich bin besonders enttäuscht davon zu sehen, daß sie offensichtlich in diesem Land besonders wenig Wirkung gehabt haben. Eines dieser Dokumente hieß „Das Dokument über die nicht-christlichen Religionen". Es heißt dort: Wir haben keinen Zweifel daran, daß Christus für uns das Wort Gottes ist. Christus ist derjenige, der am vollkommensten das Herz des Vaters offenbart. – Tatsächlich behauptet ja auch sonst niemand, der Sohn Gottes zu sein. Das bedeutet aber nicht, daß die anderen Religionen nicht auch Worte Gottes sein können. Wenn wir in dem einen Wort Gottes unser fest gegründetes Fundament haben, dann brauchen wir keine Angst zu haben vor den anderen Worten Gottes und brauchen nicht zu befürchten, daß wir unser eigenes Zentrum verlieren. Ich gebe zu, daß man schon sehr reif sein muß, um an diesen Punkt zu gelangen. Man kann an diesem Punkt nicht beginnen. Es klingt vielleicht merkwürdig, aber ich betone immer: Man muß am Anfang „stockkonservativ" sein: man muß irgendwo anfangen und sich an einem Ort ganz tief einlassen; man muß den ganzen Weg mit Christus gehen und erst dann werden wir dem kosmischen Christus begegnen. Dann brauchen wir unsere Grenzen nicht mehr so hartnäckig zu verteidigen und wir können sehen, daß sich auch in den anderen großen Weltreligionen Wahrheit findet. Ich weiß, daß viele Leute noch nicht dazu bereit sind und ich muß gestehen, daß auch ich sehr lange gebraucht habe, um an diesen Punkt zu kommen. Aber warum sagt Jesus sonst so oft: Fürchtet Euch nicht, fürchtet Euch nicht! Ein Großteil der Christen besteht aus Leuten, die Angst haben: als ob Gott uns braucht, damit wir seine Wahrheit verteidigen; als ob Gott uns braucht, damit wir die Bedeutung der Erlösung verteidigen. Ich glaube, wir lieben in Wirklichkeit gar nicht den Christus, der das Alpha und Omega der Geschichte ist, sondern wir lieben einen kleinen Jesus, den wir in die Hosentasche stecken können.

Welche Bedeutung haben auf diesem Weg die geistlichen Gaben, Charismen, Zeichen und Wunder, das Transzendentale?

Sobald wir uns aus dem Kontrollzentrum unseres Gehirns entfernen, sobald wir uns von den bequemen Prinzipien unserer vorgefaßten Theologie befreien – ich sage damit nicht, daß Theologie etwas Schlechtes ist, zumal ich dankbar bin für meine eigene gute theologische Ausbildung –, sobald wir also an den Punkt gekommen sind, wo man nur weiß: „Eigentlich weiß ich nichts" –, dann kann uns an genau diesem Punkt das Transzendente erreichen. Man ist dann nicht mehr im Mythos der Vernunft oder im Mythos der Wissenschaft gefangen; man ist dann auch für das Irrationale offen, für das eigentlich Unmögliche, für das Transzendente eben, den brennenden Dornbusch. In so einem Augenblick wird es sogar die häufigere Erfahrung sein, daß wir im ganz Gewöhnlichen das Transzendente erleben und erfahren. Wie ich schon gesagt habe, es geht nur darum, daß wir sehen.

Ich glaube, daß Gott oft völlig unerwartet, ungeladen und sogar unerwünscht in diese Welt kommt. Die Charismen zum Beispiel: Zunächst einmal gibt es sehr viele Geistesgaben und es sind Gaben, durch die wir die unmittelbare Aktion Gottes in dieser Welt erleben. Sie sind notwendig, damit wir ein Gespür für das Heilige bekommen. Es ist sehr traurig, daß im westlichen Christentum so wenige Menschen ein wirkliches Gespür für das Heilige und einen echten Zugang dazu haben, dieses Gefühl: „Ich möchte nur noch niederknien." Ohne diesen Zugang wird Religion sehr schnell steril und bedeutungslos. Aber auf der anderen Seite dürfen wir transzendente oder emotionale Glaubenserfahrungen nicht unmittelbar anstreben, denn sonst werden sie leicht ein billiger Ersatz für wirklichen Glauben. Glaube ist schließlich Glaube, das bedeutet: zu glauben und zu wissen – *ohne* Erfahrung und *ohne* Gefühle. Wir müssen vielleicht ein ganzes Leben im Dunkeln gehen und uns an das Wenige erinnern, das wir im Licht erlebt haben. Ich nehme einmal das bekannteste und meistverbreitete Charisma, das „Reden in Zungen". Es ist die kleinste der Geistesgaben und trotzdem eine sehr wichtige. Denn wenn wir in Zungen reden, dann müssen wir unser Bedürfnis nach Kontrolle aufgeben und unser Bedürfnis, ständig alles erklären zu wollen. Wir müssen die Vorherrschaft der Vernunft fallenlassen.

Es gibt sehr viele Hinweise dafür, daß das Rosenkranzgebet in der katholischen Kirche in Gebrauch kam, als das Zungenreden ausgestorben war. Die Bewegung der Finger mit den kleinen Kugeln bewirkt dasselbe: Wir hören auf, alles verstehen zu müssen; wir sitzen einfach in der Gegenwart des Geheimnisses da und sagen „Ah". Die Indianer in unserer Gegend haben das kontemplative Gebet und den Umgang mit dem Heiligen gelernt, ohne es überhaupt zu wissen. Wenn sie morgens aufwachen, sagen ihre Mütter ihnen folgendes: „Sprich nicht, sondern geh an die Tür, die immer nach Osten aufgeht. Stell dich dort hin im Anblick der aufgehenden Sonne und mach einfach eine Geste der Begrüßung!" Das klingt nicht besonders großartig. Was soll das? Ich glaube, genau deswegen haben diese Menschen einen Sinn für das Heilige: Sie sind bereit, daß Gott in ihre Welt kommt. Wenn wir diese Offenheit für das Transzendente verlieren, dann verlieren wir wahrscheinlich den Kontakt mit dem Gott, der wirklich Gott ist.

Sie haben gesagt, daß zum Glauben nicht nur ein Loslassen des rationalen Denkens gehört, sondern sogar das Loslassen von Gefühlen, von Emotionen. Wie meinen Sie das?

Ich habe nicht gesagt, Sie sollen sich die Emotionen verbieten oder die Gefühle abschneiden, sondern Sie sollen Emotionen nicht bewußt anstreben. Wir erleben die Läuterung in der Wüste, damit wir von den kleinen Gefühlchen befreit werden und die flüchtigen Emotionen nicht zu ernst nehmen. Wir müssen diese loswerden, damit wirklich große Emotionen zum Vorschein kommen, echte Passionen, die uns dazu befreien, ein ganz anderes Leben zu führen. Deswegen haben Emotionen eine wichtige Funktion im geistlichen Leben, aber wir dürfen nicht von ihnen abhängig werden. Und sie dürfen nicht um ihrer selbst willen angestrebt werden.

Normalerweise ist es so: Je mehr wir im Glauben wachsen, desto weniger Erlebnisse emotionaler Natur werden wir haben. Theresa von Avila, die so wunderbare Dinge über die dunkle Nacht der Läuterung geschrieben hat, sagt, daß sie achtzehn Jahre ohne eine tröstende Emotion verbrachte. Aber danach erlebte sie die ganz tiefe, ekstatische Emotion. Viele von uns sind emotional so überstimuliert (wir schauen viel zu viele Filme an, wir hören viel zu viel Musik), daß wir zu den wirklich großen Gefühlen gar nicht mehr fähig sind. Wir sind nicht vorbereitet für die Gefühle, die uns wirklich bekehren und verändern. Deswegen ist irgendeine Art von Wüstenerfahrung so wichtig für uns. Das ist der Sinn und die ursprüngliche Bedeutung der vierzig Tage dauernden Fastenzeit.

Sie haben gesagt, daß wir nicht so stark von der Anerkennung anderer abhängig sein sollen. Wie können wir unser gesundes Selbstwertgefühl entwickeln?

Wir sollten nicht versuchen, das ganz bewußt zu tun. Ich möchte sagen: Es widerfährt uns, es geschieht uns. Wir als Christen können uns nicht selbst retten, wir werden gerettet. Wenn wir uns etwa zu sehr darum bemühen, Schmeicheleien zu ergattern, dann glauben wir diese Komplimente gar nicht, wenn wir sie bekommen. Die einzigen Gaben, die uns heilen, sind die, die uns freiwillig geschenkt werden. Wenn wir ein Spiel spielen, bei dem uns unsere Freundin küssen muß, dann fühlt sich dieser Kuß nicht halb so gut an wie der Kuß, den sie uns freiwillig gibt. Ich will damit sagen, wir sind zu sehr in unserem individuellen Selbst gefangen und dieses individuelle Selbst muß um jeden Preis ein positives Selbstbild haben. Doch das ist ein unmögliches Ziel. Denn nur Menschen in einer Gemeinschaft können Christus gemeinsam reflektieren und widerspiegeln. Der Preis, den wir für unseren westlichen Individualismus bezahlt haben, besteht in unendlich viel neurotischem Selbsthaß und Schuldgefühlen. Ich kenne Menschen, die über Jahre hinweg Heilungsgottesdienste und psychotherapeutische Behandlungen über sich haben ergehen lassen (ich sage damit nicht, daß das alles schlecht ist – das sind gute Ergänzungen), aber das Wichtigste ist eine geistige Bekehrung, damit ich endlich nicht mehr mein negatives oder mein positives Image verteidigen muß. Es geht nicht um exzessives Selbstbewußtsein, sondern um echte Kontemplation. Nur sie verhilft uns dazu, das Bedürfnis loszuwerden, überhaupt irgendein Selbstbild zu haben. Ich hoffe, das klingt nicht zu esoterisch. Denn das ist es ganz und gar nicht, sondern es ist das Natürlichste von der Welt. Genau das wird passieren, wenn wir uns der Stille aussetzen und nicht ständig den Urteilen der Welt. Wenn wir uns nicht ständig die Energie anderer „reinziehen" und uns nicht ständig überlegen müssen, was andere von uns denken und wofür sie uns halten. Deswegen muß ich in die Wüste gehen, wo ich Gott erlaube, mich bei meinem Namen zu rufen, an einen tieferen Ort. Das ist der Friede, den die Welt nicht geben kann. Aber ich verspreche euch auch: Das ist der Friede, den euch die Welt nicht mehr nehmen kann. Dieser Friede kommt nicht dadurch zustande, daß wir irgend etwas Richtiges oder Falsches tun, sondern es geht darum, daß wir entdecken, was wir in Gott längst sind. Wenn wir an diesem Ort angelangt sind, werden wir uns selber lieben und erkennen und zwar trotz aller negativen und gegensätzlichen Evidenzen. Es geht darum, in uns einen Raum zu finden, der weit genug ist, um alle Widersprüche in uns aufzunehmen. Einen Ort zu finden, in dem die Dunkelheit und das Licht Platz haben, eure guten und eure schlechten Seiten. Das ist der eigentliche Sinn, wenn wir sagen: Ein Mensch ist wirklich frei, ein Mensch ist wirklich gerettet. Ihr könnt das nicht selber machen, sondern es widerfährt euch. Ihr könnt die Seele nicht reparieren, aber ihr habt eine Seele. Ich hoffe, ihr könnt euch darüber freuen und es annehmen.